Anne Brandes

Einfach kochen

Brunchen, lunchen,
grillen und
chillen mit Freunden

Anne Brandes

Einfach kochen

Brunchen, lunchen, grillen und chillen mit Freunden

Inhalt

Inhalt

EINLEITUNG

Vorwort Johann Lafer	7
Anne zaubert!	9
Anne im Interview	10
Meine Vorratsbasics	12
Meine coolen Specials	14
Meine Gewürzfavoriten	16
Meine Tipps aus der Profiküche	18

REZEPTE

Brunchen und lunchen	20
Pasta und Basta!	46
Entspannt statt angebrannt	72
Grillen und chillen	104
Rezeptregister	134
Impressum	142

VORWORT

Liebe Leserinnen und Leser,
Kochen ist für viele Menschen ein Ausdruck von Kreativität, Genuss und einer tiefen Verbundenheit mit Lebensmitteln. Es geht nicht darum, Perfektion zu erreichen, sondern Freude am Tun zu haben und mit anderen zu teilen. Dieses Prinzip hat Anne Brandes in ihrem Kochbuch »Einfach kochen« meisterhaft eingefangen.

ANNE LÄDT UNS EIN

… in ihre Küche mit ihrer norddeutschen Leichtigkeit und mediterranen Begeisterung. Ihre Rezepte sind ein Versprechen: gutes Essen, ohne stundenlang in der Küche zu stehen. Sie zeigt uns, wie wir mit wenigen, aber sorgfältig ausgewählten Zutaten große Wirkung erzielen können. Ob für den Brunch mit Freunden, ein entspanntes Abendessen oder die nächste Grillparty – in diesem Buch findet jeder Inspiration.
Dabei beweist Anne eine großartige Balance: Sie verbindet die Raffinesse ihrer professionellen Kochausbildung, die sie unter anderem im renommierten Restaurant von Cornelia Poletto perfektionierte, mit einer für uns alle greifbaren Herzlichkeit.

»Einfach kochen« spiegelt nicht nur Annes Liebe zu hochwertigen Zutaten und unkomplizierten Zubereitungen wider, sondern auch ihre Fähigkeit, kulinarische Trends auf den Punkt zu bringen – ohne dabei jemals ihre Wurzeln aus den Augen zu verlieren.

NEXT CHEF AWARD

Als Schirmherr des Next Chef Award, den Anne 2023 als erste Frau gewann, erfüllt es mich mit Stolz zu sehen, wie sie ihre Vision von »einfach gutem Kochen« umsetzt. Ihre Rezepte sind eine Einladung, kreativ zu sein, den Kochlöffel selbstbewusst in die Hand zu nehmen und die Schönheit des Alltäglichen zu feiern.

Herzlichst,

Johann Lafer

Moin in Annes Küche!

Annes Tipps

... in diesem Buch kommen nicht von ungefähr – schließlich gewann sie den Next Chef Award und gehört zum Team von Cornelia Poletto.

ANNE ZAUBERT!

Für Anne Brandes gehörte Kochen schon immer zu ihren liebsten Beschäftigungen. Während ihres Germanistik-Studiums beschloss sie, diese Liebe zu ihrer Berufung zu machen. Damals hat sie nicht geahnt, dass sie auch bald ein Kochbuch schreiben würde. Ihr Debüt »Einfach kochen« spiegelt dabei nicht nur ihre private Vorliebe für unkomplizierte Rezepte wider, sondern auch ihre norddeutschen Wurzeln, ihr Faible für die mediterrane Küche und ihre lässige Art, die Rezepte zu präsentieren.

AMBITIONIERT

Natürlich hat sie ihr Handwerk von Grund auf gelernt. Ihre Kochausbildung absolvierte sie im AMERON Hamburg Hotel in der schönen Speicherstadt. Hier lernte sie die anspruchsvolle Kunst des Kochens kennen. Nach verschiedenen Stationen in ambitionierten Profi-Küchen, in denen sie mit Ehrgeiz und Leidenschaft an ihrem Lernprozess feilte, arbeitet Anne nun bei der TV-Star-Köchin Cornelia Poletto im gleichnamigen Restaurant in Hamburg. Mit ihr teilt Anne die Liebe zu Pasta wie auch die Freude, die beiden ein gemeinsames Essen mit anderen bereitet. Dies ist der Hauptgedanke in Annes Kochbuch, in dem die Rezepte zum entspannten Kochen mit Freunden, gemütlichen Brunchen und Lunchen oder auch zu einem chilligen Grillfest einladen.

EINFACH ENTSPANNT

Anspruchsvolle Gerichte mit zehn Komponenten zaubert sie in der Profiküche, zuhause darf es simpler sein: ein schönes Küchenchaos, schnelle Ohne-viel-zu-tun-Gerichte, die auch nach Feierabend eine Geschmacksexplosion auf der Couch bieten und einfach Freude beim Kochen und Genießen bereiten. So geht entspannt, statt angebrannt!

AUSGEZEICHNET

Der Next Chef Award ist eine Initiative der INTERNORGA, die die Nachwuchsförderung des Kochberufs in den Vordergrund stellt. Seit 2016 treten Jung-Köchinnen und -Köche gegeneinander an und zeigen ihre Fähigkeiten. Initiator und Schirmherr des Awards ist Johann Lafer, dem der Nachwuchs schon immer am Herzen lag. Im Finale wird ein Menü Lafers kreiert, welche die Teilnehmenden ohne Rezept nachkochen müssen, um so ihr Können zeigen zu können. Im Jahr 2023 gewann Anne Brandes als erste Frau den Wettbewerb und setzte sich gegen ihre 17 Konkurrenten durch. Der Next Chef Award findet jährlich auf der INTERNORGA statt.

ANNE IM INTERVIEW

WAS IST FÜR DICH »EINFACHE« KÜCHE?

Das bedeutet für mich pure Entspannung. Ich habe nach einem langen Tag keine große Lust, zuhause superaufwendig zu kochen oder superlange in der Küche zu stehen. Ich liebe es, mit einfachen Zutaten leckere Sachen zu kreieren oder Gerichte mit alltäglichen Zutaten cool und abwechslungsreich zu gestalten – immer mit Herzblut und 100 % Leidenschaft!

WAS IST DAS BESONDERE AN DEINER ART ZU KOCHEN?

Ob Fleisch, Fisch oder Gemüse: Sehr wichtig ist mir der Respekt vorm Produkt, die Wertschätzung. Dabei steht Qualität für mich an oberster Stelle. Manchmal denke ich nicht groß nach, sondern werfe einfach alles in einen Topf, was sich in Gemüsefach und Vorratsschrank noch so finden lässt. Ich kombiniere gerne die Leichtigkeit der mediterranen Küche mit der norddeutschen Küche. Das hat für mich auch einen starken kulturellen Aspekt.

DU HAST NACH DEM ABI STUDIERT – WELCHES FACH?

Ich habe Germanistik und Sprachwissenschaften studiert, weil ich fasziniert bin von Sprachen und Kulturen und interessiert an Literatur aller Epochen.

WARUM HAST DU NACH DEM STUDIUM EINE AUSBILDUNG ZUR KÖCHIN ANGEFANGEN?

Ich hatte einfach keine Lust, in einem Büro zu versauern und hatte auch nicht das Gefühl, zu 100 % meine Leidenschaft gefunden zu haben. Ich wollte unbedingt noch ein Handwerk lernen und damit eine Möglichkeit, mich kreativ auszuleben und zu entwickeln. Ich habe mich für die Kochkunst entschieden, weil ich mit frischer Küche aufgewachsen bin und schon immer gerne gekocht habe.

WIE WAR DEIN ERSTER TAG IN EINER PROFIKÜCHE?

Ich war völlig überfordert, aber gleichzeitig habe ich mich sofort in diese Atmosphäre verliebt! Ich habe innerhalb weniger Stunden so viel gelernt – da war für mich direkt klar: Das wird mein Weg!

WAS WAR DEINE KRASSESTE ERFAHRUNG ALS KÖCHIN?

Ich denke tatsächlich der Next Chef Award! Das Kochen an sich hat mir Spaß gemacht, das Adrenalin, das mich gepusht hat, unter Zeitdruck zu arbeiten, die tollen Menschen, die ich kennengelernt habe – es war einfach eine Supererfahrung, von so vielen Spitzenköchen und -köchinnen so gut beurteilt zu werden. Und Wahnsinn, was sich alles daraus für mich ergeben hat!

WAS REIZT DICH AN DEINEM JOB?

Die Möglichkeit, kreative Freiheiten zu genießen, mich auszuprobieren, zu wachsen. Und auch der Austausch mit Kollegen und Kolleginnen ist mir sehr wichtig.

KOCHST DU AUCH FÜR DEINE FREUNDE?

Ja, sehr gern! Und besonders liebe ich es, MIT Freunden zu kochen. Nichts macht mehr Spaß, als zusammen die Küche in ein Chaos zu verwandeln und danach an einem Tisch gemeinsam zu essen.

WAS IST DEIN LIEBLINGSESSEN?

Pasta alla puttanesca! Ich liebe die Kombination der salzigen Komponenten mit der Süße der Tomaten und dem würzigen Kick, den Oliven und Kapern liefern. Ich wandle das Puttanesca-Rezept gern ab und bereite es ständig neu zu – im Kochbuch werdet ihr es fast in jedem Kapitel in einer anderen Form finden.

MEINE VORRATS-BASICS

ALLES MIT TOMATEN

Tomatenmark, passierte Tomaten im Tetra-Pak, stückige Tomaten und in Öl eingelegte Tomaten – diese Extras solltet ihr immer auf Lager haben, denn damit lässt sich stressfrei und schnell was zaubern.

BRÜHE

Immer gut für eine schnelle Suppe oder fixe Würze! Natürlich könnt ihr Instant-Brühe verwendet. Aber wenn ihr Zeit und viele Gemüsereste habt, dann kocht sie selbst und friert sie portionsweise ein. Schmeißt dazu all eure (gesäuberten) Gemüseabschnitte in einen Topf, bedeckt sie mit Wasser, gebt 1 Prise Salz hinzu und lasst alles einmal aufkochen. Dann ca. 15 Min. simmern lassen, durchs Sieb gießen und fertig ist eine aromatische Brühe ohne künstliche Zusätze.

EINGELEGTES

Ob Kapern, grüne oder schwarze Oliven: Von diesen mediterranen Spezialitäten kann ich nicht genug bekommen. Bei den Kapern finde ich die in Salz konservierten am besten. Aber auch unsere eingelegten Gewürzgurken schmecken mir gut. Da verwende ich sogar das Einlegewasser zum Würzen.

KARTOFFELN

Mein Liebling heißt »Laura«. Das ist eine alte vorwiegend festkochende Sorte, die superaromatisch schmeckt. Aber auch die festkochenden »Linda« und »Annabell« gehören zu meinen Favoriten.

NUDELN

Von Mini-Riso-Pasta bis zu langen Bandnudeln – ich liebe sie alle! Schaut dazu auch mal auf Seite 48/49 nach.

REIS

Ich nehme Langkornreis und da am liebsten den feinen Basmati, den ihr besonders günstig im Asia-Supermarkt bekommt.

ZWIEBELN & CO.

Einfach gut: Zwiebeln und Schalotten fehlen bei mir bei fast keinem Gericht, denn ich finde, dass sie jedem Gericht eine gute Basis geben. Besonders gern nehme ich die mildaromatischen roten Zwiebeln und die frischen Frühlingszwiebeln.

Legt euch nicht zu viele Vorräte auf Lager, es fliegt alles doch irgendwann nur rum.

MEINE COOLEN SPECIALS

EIER

Meistens hole ich die Eier direkt von mir bekannten Höfen oder Produzenten, wo ich nicht nur das Produkt, sondern auch die Tiere sehen kann. Ich verwende nur Eier von Hühnern aus Freilandhaltung – am liebsten noch dazu in Bio-Qualität.

PARMESAN

Am besten schmeckt mir original »Parmigiano Reggiano«. Ich kaufe ihn grundsätzlich am Stück und reibe ihn frisch bei Bedarf. In Wachspapier gewickelt bleibt der Käse im Kühlschrank lange frisch.

FETA UND MOZZARELLA

Von diesen beiden habe ich immer gern ein Päckchen im Kühlschrank liegen. Denn sie sind so vielseitig zu verwenden und schmecken beide einfach auch solo sehr gut, zu Brot oder Salat. Angebrochene Päckchen lagere ich luftdicht verschlossen in einem Gefäß – falls überhaupt mal was übrig bleibt.

KÄSE ZUM GRATINIEREN

Da ich Aufläufe und Gratins so gern mag, habe ich zum Überbacken immer auch einen gereiften Hartkäse zuhause, z. B. einen Deichkäse oder Bergkäse. Die Käsestücke kann ich bei Bedarf zackig reiben. Aber ihr dürft bei Zeitmangel auch ruhig mal fertig geriebenen Käse verwenden. Der hält sich gut verschlossen in der Tüte ebenfalls einige Zeit im Kühlschrank.

TK-GEMÜSE

Erbsen, Spinat oder Blumenkohlröschen aus dem Tiefkühler haben einen Vorteil: Die ganze Putzerei entfällt. Und vielleicht habt ihr auch mal frisches Gemüse übrig? Dann werft es gut geputzt und zerkleinert einmal kurz in kochendes Wasser. Anschließend schreckt ihr es in Eiswasser gründlich ab und friert es – abgekühlt und in TK-Boxen oder -Tüten verpackt – selbst ein.

TK-GARNELEN

Die habe ich auch gern im Froster, denn sie lassen sich schnell auftauen – fürs spontane Zaubern von Garnelensalat oder -pasta. Ich bevorzuge Garnelen in Bio-Qualität.

Vergesst nicht: Auch im Froster kann nicht alles ewig liegen.

Macht regelmäßig Inventur und guckt, was im Kühlschrank in der hintersten Reihe steht.

MEINE GEWÜRZ-FAVORITEN

KNOBLAUCH

Greift zu, wenn in eurem Supermarkt junger Knoblauch angeboten wird! Der ist voll mit ätherischen Ölen und deshalb besonders gesund, dazu superaromatisch. Alte Zehen dagegen schmecken manchmal bitter. Am besten zieht ihr selbst Knoblauch im Topf auf dem Balkon oder im Garten.

ESSIG

Den hellen Weißweinessig mit seiner klaren Säure mag ich am liebsten. Für italienische Salate gönnt euch einen guten, d. h. lange gereiften, dunklen Aceto balsamico. Der ist zwar richtig teuer, aber die Investition lohnt sich – sein Aroma ist einfach umwerfend.

FRISCHE KRÄUTER

… sind in meiner Alltagsküche einfach unersetzlich. Dabei verwende ich nicht nur die Blättchen, sondern auch die Stiele. Und damit mein schönes Grün nicht irgendwann im Kühlschrank vergammelt, schneide ich Schnittlauch, Petersilie, Dill und Koriandergrün gleich nach dem Einkauf klein. Und was ich nicht sofort benutze, packe ich in einen Zip-Beutel und den dann in den Tiefkühler. So hab ich immer was zum Würzen, wenn frische Kräuter mal Mangelware sind. Nur Basilikum verträgt keine Tiefsttemperaturen. Wie gut, dass ich immer einen Topf auf der Küchen-Fensterbank stehen habe.

MUSKATNUSS

Immer frisch reiben! Muskatnüsse halten ewig und brauchen nicht viel Platz.

PFEFFER

… ist für mich ein oft passendes Würzmittel, ich benutze ihn jedoch in Maßen, vor allem schwarze Pfefferkörner, die ich frisch mahle. Mich begeistert der sündteure rote Kampot-Pfeffer aus Kambodscha mit seiner fruchtigen Schärfe und seiner blumigen Note. Wenn ihr euch mal was gönnen wollt, dann probiert ihn aus. Er wird euch überzeugen.

SALZ

Ich favorisiere Meersalz. Es hat einfach einen wunderbar komplexen Geschmack und ist voll von Mineralien und Spurenelementen. Salz ist nicht gleich Salz, es gibt Unterschiede von Region zu Region. Kauft euch mal Meersalz an verschiedenen Urlaubsorten und ihr werdet den Unterschied schmecken.

SENF

… passt immer! Deshalb habe ich meistens zwei im Kühlschrank stehen: einen mittelscharfen Allrounder und einen würzig-körnigen Rotisseur-Senf. Und manchmal auch noch einen richtig scharfen Dijon-Senf.

SOJASAUCE

Die dunkle japanische »Shoyu«, die ganz traditionell und natürlich nur aus Sojabohnen, Weizen, Wasser und Meersalz gebraut wird, gefällt mir am besten.

ZUCKER

Der weiße schmeckt nur süß. Ich nehme lieber den dunklen Rohrohrzucker, der noch eine eigene aromatische Note hat und gut zu herzhaften Gerichten passt.

ZITRUSFRÜCHTE

Hier ist nicht nur der Saft, sondern auch die Schale mein Zaubermittelchen, um frische Würze ans Essen zu bringen. Kauft deshalb Zitronen, Orangen und Limetten in Bio-Qualität. Dann könnt ihr die Schale unbesorgt mitverwenden.

Für ein leckeres Essen braucht ihr meistens nicht viele Gewürze. Aber das richtige Rezept!

MEINE TIPPS AUS DER PROFIKÜCHE

PROFI-MESSER

Das ist, was ihr in eurer Küche unbedingt braucht – euer wichtigstes Werkzeug! Das Messer muss nicht superteuer sein, aber scharf. Damit es nicht stumpf wird, packt es auf keinen Fall in die Spülmaschine! Wascht es einfach immer nur mit der Hand, dann bleibt es lange scharf. Schneidet damit ausschließlich eure Lebensmittel, kein Papier, kein Karton, kein Plastik! Und wenn es stumpf geworden ist, dann bringt es mal bei einem Profischleifer vorbei – das Schleifen der Klinge kostet nicht viel und das Messer ist dann wieder wie neu.

FÜR KLEINE REIBEREIEN

Auch eure Küchenreibe muss scharf sein. Holt euch eine Microplane, die wie eine Feile aussieht. Das ist eine einmalige Investition, die euch Nerven und Zeit sparen wird. Denn damit reibt ihr Zitronenschale oder Muskatnuss ganz easy ab und bekommt auch Knoblauch, Ingwer oder andere Gewürze schnell und gleichmäßig fein gerieben.

PLATZ DA!

Schafft euch Platz, Leute, bevor ihr mit dem Kochen beginnt! Alles macht mehr Spaß und geht leichter von der Hand, wenn ihr genügend Freiheit beim Arbeiten habt, wenn z. B. euer Schneidbrett gut auf der Arbeitsfläche liegt und nicht wackelt. Wer im Chaos startet, wird auch im Chaos enden.

EINS NACH DEM ANDEREN!

Stürzt euch nicht planlos ins Kochvergnügen! Lest erst mal das ganze Rezept bis zum letzten Arbeitsschritt durch, also wirklich bis zum Ende! Dann sucht alle Zutaten heraus und wiegt sie ab oder schneidet sie klein. Stellt euch auch die passenden Formen oder Töpfe hin. Vergesst nicht, den Backofen vorzuheizen! Macht einen Schritt nach dem nächsten, sonst fangt ihr immer wieder von vorne an.

Richtig vorbereiten spart nerviges Nachbereiten!

EINFACH MAL ABWIEGEN ...

Wenn ihr immer viel zu viele Nudeln oder Berge von Reis kocht, wiegt Spaghetti oder Basmati das nächste Mal doch einfach mal ganz korrekt ab. So vermeidet ihr Reste, die ewig im Kühlschrank rumliegen.

... ODER BEWUSST MEHR KOCHEN!

Wenn ihr bei Kartoffeln und Nudeln heute die doppelte Portion kocht, dann habt ihr für morgen Zeit gespart. Und könnt schnell mit ein paar frischen Zutaten einen Salat, ein Pfannengericht oder einen Auflauf zaubern. Beispiele, was aus Resten noch werden kann, findet ihr jede Menge in diesem Buch.

LASST DIE LUFT RAUS!

Wenn ihr euch einen nützlichen Luxus gönnen wollt, dann besorgt euch einen Vakuumierer – der ist ideal fürs Marinieren und um Lebensmittel luftdicht zu verschließen. So halten sie viel länger. Es gibt mittlerweile günstige Modelle und auch wiederverwendbare Vakuumbeutel.

Benutzt Profi-Handwerkszeug. Damit macht ihr euch das Leben leichter.

Brunchen und lunchen

Easy Brunch mit Freunden, Lunch im Home-Office oder kleiner Snack gesucht? Hier werdet ihr fündig!

EINFACHE LAUGENBRÖTCHEN

Zubereitungszeit: ca. 25 Min. | Ruhezeit: 1 Std. + 30 Min. | Backzeit: 25 Min.

Zutaten für 6 Brötchen (oder 8-12 kleinere):

325 g Weizenmehl (Type 550; ersatzweise normales Mehl)
Salz
1 TL Rohrrohrzucker
100 ml Milch (am besten Vollmilch oder vegane Alternativen)
½ Würfel Hefe
30 g weiche Butter (alternativ Margarine)
3 gehäufte EL Natron
grobes Meersalz oder Kerne (z. B. Kürbiskerne) zum Bestreuen

1. Das Weizenmehl mit 3 TL Salz und dem Rohrrohrzucker in eine Schüssel geben und vermischen.

2. Milch und 100 ml Wasser verrühren und in einem Topf auf dem Herd oder in der Mikrowelle erwärmen. Die Mischung sollte lauwarm bis warm sein. Die Hefe reinbröseln und umrühren, bis sie sich aufgelöst hat.

3. Dann die Hefe-Flüssigkeit und die Butter zur Mehlmischung geben und alles zu einem Teig verkneten. Nehmt dazu am besten die Küchenmaschine, wenn ihr eine habt, so spart ihr spart Zeit und Nerven. Den fertigen Teig mit einem Küchentuch abdecken und mindestens 1 Std. an einem warmen Ort gehen lassen.

4. Danach teilt ihr den Teig in sechs Portionen, das sind ca. 90 g pro Brötchen. (Wenn es ein paar Gramm mehr oder weniger sind, ist es auch nicht wild.) Jetzt versucht ihr, jede Portion zu einem schönen, flachen, runden Brötchen zu formen. Lasst die Brötchen dann noch mal ca. 30 Min. schön entspannen.

5. Kurz vor Ende der Ruhezeit 2,5 l Wasser mit dem Natron in einem großen Topf verrühren und zum Kochen bringen, das Natron vollständig auflösen. Außerdem den Backofen auf 175° Umluft vorheizen.

Brunchen und lunchen

Auch mit veganen Zutaten superlecker!

6. Die Hitze für das Wasser verringern, sodass das Natron-Wasser jetzt nur noch leicht simmert. Dann die Brötchen nach und nach jeweils ca. 20 Sek. von jeder Seite mit einem Schaumlöffel oder Sieb ins Wasser tauchen. Anschließend kurz abtropfen lassen und nebeneinander auf ein Blech legen. Mit einem scharfen Messer ein Kreuz in die Oberfläche der Brötchen schneiden und Salz oder Kerne draufstreuen.

7. Die Brötchen im heißen Ofen 20–25 Min. backen, bis sie schön gebräunt sind. Die fertigen Brötchen aus dem Ofen nehmen und ein bisschen abkühlen lassen, dann auf den Tisch damit!

RÄUCHERLACHS-OBAZDA

Zubereitungszeit: ca. 15 Min.

Brunchen und lunchen

Zutaten für 2 Portionen:

- ½ Camembert (ca. 125 g)
- 2 EL Frischkäse
- 1–3 Spritzer Zitronensaft
- 50 g Räucherlachs in Scheiben
- 3–5 Radieschen (je nach Größe)
- 1–2 Messerspitzen Kümmel (wenn ihr den mögt)
- 1 gehäufter TL Meerrettich (frisch gerieben oder aus dem Glas)
- 1 Stängel Dill (oder nehmt 1 TL TK-Dill)
- Salz

1. Den Camembert klein würfeln. (Das muss nicht besonders ordentlich sein). Frischkäse und Zitronensaft zum Käse hinzugeben und alles zerdrücken – am besten mit einem Kartoffelstampfer oder mit einer Gabel.

2. Den Räucherlachs in feine Würfel schneiden. Die Radieschen putzen, waschen und nach Belieben in Würfel oder feine Stifte schneiden. Lachs und Radieschen unter die Camembert-Mischung rühren.

3. Den Kümmel zerdrücken und mit dem Meerrettich unterrühren. Frischen Dill waschen und trocken schütteln. Die Spitzen abzupfen, kleiner zupfen und unterrühren. Den Obazda mit Salz abschmecken.

ANNES TIPP

Den Obatzda dürft ihr ruhig vorbereiten und dann kühl stellen – gut durchgezogen schmeckt er am besten.

ZIEGENKÄSE-CRÈME BRULÉE MIT TRAUBENRAGOUT

Zubereitungszeit: ca. 25 Min.

Zutaten für 2 Portionen:

200 g Ziegenfrischkäse
50 g Ziegenkäse-Rolle
1 Bio-Zitrone
Salz
Pfeffer
250 g rote Trauben
1 Schuss Fruchtsaft (s. Annes Tipp)
1 Tropfen Ahornsirup zum Abschmecken (oder 1 Prise Rohrohrzucker)
3 EL brauner Rohrohrzucker zum Flambieren

Außerdem:
Flambierbrenner

1. Beide Ziegenkäsesorten in einem Mixer oder in einem Rührbecher mit einem Pürierstab pürieren. Wer beides nicht hat, legt mit einem Schneebesen los. Wenn ihr fertig seid, sollte die Masse cremig und glatt sein.

2. Zitrone heiß abwaschen und abtrocknen, die Schale abreiben und den Saft auspressen. Ziegenkäse-Mix mit Salz, Pfeffer, Zitronenschale und -saft abschmecken – dann ab damit in den Kühlschrank!

3. Die Trauben in einem Sieb waschen und abtropfen lassen. Mit einem scharfen Messer vierteln und mit dem Saft eurer Wahl in einen Topf geben und aufkochen. Bei kleiner Hitze kurz köcheln lassen, sodass die Trauben weicher werden. Zwischendurch das Ragout mal probieren und, falls nötig, mit Zucker oder Ahornsirup versüßen. Das fertige Ragout abkühlen lassen und auf zwei Schalen verteilen. Die Ziegenkäsecreme draufschichten. Kurz vor dem Essen den braunen Zucker aufstreuen und mithilfe des Brenners goldbraun karamellisieren.

ANNES TIPP

Es muss nicht unbedingt Traubensaft sein. Nehmt einfach den, der euch auch sonst am besten schmeckt.

Gut zu wissen
Für Leute ohne Flambiergerät: Das Dessert schmeckt auch ohne braunen Zucker gut. Bitte vermeidet es, eure Bude abzufackeln!

Brunchen und lunchen

KNUSPRIGE TEIGTASCHEN MIT HACK

Zubereitungszeit: 20 Min. | Backzeit: 15 Min.

Zutaten für 8 kleine Taschen:

1 Zwiebel
1 Möhre
150 g Hackfleisch (Rinderhack oder gemischtes)
1 TL mittelscharfer Senf
1 TL Ketchup
1 Ei
1 TL Kreuzkümmel
Salz
Pfeffer
2 Brik-Teigblätter

1. Für die Füllung Zwiebel schälen und in feine Würfel schneiden. Die Möhre mit dem Sparschäler schälen, putzen und mit der feinen Seite einer Reibe reiben.

2. Zwiebelwürfel und geriebene Möhre mit Hackfleisch, Senf, Ketchup und Ei in einer Schüssel vermengen. Alles mit Kreuzkümmel, Salz und Pfeffer würzen.

3. Die Brik-Teigblätter jeweils mit einer scharfen Schere oder einem Messer in Viertel schneiden, sodass ihr acht kleine, quadratische Teigstücke bekommt.

4. Den Backofen auf 175° Umluft vorheizen. Die acht Teigstücke auf der Arbeitsfläche auslegen und jeweils etwas Hack-Füllung in die Mitte geben. Dann die vier Seiten jedes Teigstücks über der Füllung jeweils locker wie ein Paket zusammenfalten.

5. Die Päckchen mit der Öffnung nach unten auf ein Backblech legen und dann in ca. 15 Min. im heißen Backofen (Mitte) goldbraun backen.

ANNES INFO

Das Rezept ist von meinem Paps. Habe ihm genau diese Taschen immer heiß vom Blech geklaut!

Gut zu wissen
Die Taschen entweder sofort backen oder mit Folie abdecken! Der feine Teig trocknet schnell aus und reißt dann, wenn er an der Luft liegt.

Brunchen und lunchen

METT-PRALINEN

Zubereitungszeit: ca. 10 Min.

Zutaten für 6 Pralinen:

140 g Mett
Salz
Pfeffer
½ weiße Zwiebel
20 g Röstzwiebeln

1. Das Mett in eine Schüssel geben, mit Salz und Pfeffer würzen und in sechs Portionen aufteilen.

2. Die Zwiebelhälfte schälen und in kleine Würfel schneiden. Die Röstzwiebeln auf einen Teller streuen.

3. Nun gebt ihr in die Mitte jeder Mettportion einige Zwiebelwürfel. Das Mett dann jeweils über den Zwiebeln verschließen und eine runde Praline daraus formen.

4. Die Bällchen anschließend einmal durch die Röstzwiebeln rollen und bald genießen. Dazu drückt ihr die Mettpralinen einfach auf (knusprig geröstetes) Brot – so schmecken sie am allerbesten.

Tauschbörse

Keine Lust auf Schweinefleisch? Die Pralinchen schmecken auch megagut, wenn ihr sie mit veganem Mett zubereitet!

CAPRESE-PRALINEN

Zubereitungszeit: ca. 10 Min.

Zutaten für 6 Pralinen:

6 Kirschtomaten
½ Kugel Mozzarella (ca. 65 g)
  oder Burrata
Salz
Pfeffer
1 Minispritzer Zitronensaft
1 EL Olivenöl
1 TL Aceto balsamico
6 Blätter Basilikum

1. Den oberen Teil (also ca. ein Viertel) jeder Kirschtomate als »Deckel« abschneiden. Mit einem Löffelstiel die Kirschtomaten aushöhlen und auf diese Weise die Kerne und das glibbrige Drumherum entfernen.

2. Mozzarella entweder ganz klein schneiden oder im Mixer oder Blitzhacker zerkleinern. Oder ihr zupft das Ding einfach klein. Mozzarellastückchen mit Salz, Pfeffer, Zitronensaft, Olivenöl und Balsamico würzen. Basilikum waschen und trocken tupfen. Die Blättchen fein schneiden und zum Mozzarella geben.

3. Alles vermengen und die Mozzarellamischung noch mal mit Salz, Pfeffer und evtl. Zitronensaft abschmecken, dann vorsichtig in die Tomaten füllen. »Deckel« wieder auf die Tomaten setzen – fertig!

ANNES TIPP

Am einfachsten drückt ihr die Mozzarellamischung mit einem Löffelstiel in die Tomaten.

Brunchen und lunchen

Gut zu wissen
Die würzige Tomatenmischung bereits am Vortag machen – dann kann alles über Nacht noch richtig gut durchziehen.

BRUSCHETTA ALLA PUTTANESCA

Zubereitungszeit: 20 Min.

Zutaten für 4 Stück:

3–4 Kirschtomaten
2 EL schwarze Oliven (ca. 9 Stück)
3 in Öl eingelegte Sardinen (aus der Dose)
1 TL Kapern (aus dem Glas)
1 Schalotte
1 Knoblauchzehe
3–4 Stängel Petersilie (nach Belieben)
2 EL Olivenöl (und evtl. Olivenöl zum Anrösten)
1 TL Aceto balsamico
1 Spritzer Zitronensaft
Salz
4 Scheiben Baguette oder Bauernbrot
Parmesan zum Darüberreiben

1. Die Tomaten waschen und in feine Würfel schneiden. Nehmt euch Zeit und schneidet sie wirklich sehr klein, sonst fällt euch am Ende alles vom Brot.

2. Oliven, Sardinen und Kapern kurz in einem Sieb abtropfen lassen, dann klein hacken. Schalotte und Knoblauch schälen und in ganz, ganz, ganz feine Würfel schneiden. Den Knoblauch könnt ihr auch durch die Presse drücken oder reiben, wenn euch das lieber ist. Petersilie waschen und trocken schütteln (falls ihr sie verwenden wollt), Blättchen fein schneiden.

3. Alles, was ihr klein geschnitten habt, in eine Schüssel geben und mit Olivenöl, Balsamico und Zitronensaft vermengen, dann abschmecken, evtl. mit 1 Prise Salz.

Wichtig! **Seid beim Würzen vorsichtig mit Salz! Oliven und Kapern sind schon sehr salzig.**

4. Nun könnt ihr die Tomaten-Mischung einfach so auf eure Brotscheiben streichen. Oder ihr röstet das Brot vorher noch von beiden Seiten in einer Pfanne in wenig Olivenöl an. Reibt zum Schluss noch etwas Parmesan frisch über die Bruschetta.

Brunchen und lunchen

Schnell gezaubert

DREI AUF EINEN STREICH

KICHERERBSEN-AUFSTRICH

Zubereitungszeit: 10 Min.
Zutaten für 4 Portionen:

1 Dose Kichererbsen
 (Abtropfgewicht 225 g)
2–3 EL Mayonnaise
5 Kirschtomaten
1 kleine rote Zwiebel
3 Stangen Staudensellerie
3 Stängel Petersilie
Salz
Pfeffer

1. Kichererbsen in ein Sieb abgießen und abtropfen lassen. Dann im Blitzhacker oder in einem hohen Rührbecher mit dem Pürierstab mit der Mayonnaise grob pürieren.

2. Die Kirschtomaten waschen und superfein würfeln. Die Zwiebel schälen und ebenfalls in sehr feine Würfel schneiden. Staudensellerie waschen, putzen und – wer sich die Arbeit machen will – auch entfädeln. Dann die Stangen längs in feine Streifen, anschließend quer in Mini-Würfel schneiden.

3. Petersilie waschen und trocken schütteln. Blättchen hacken und mit Tomaten-, Zwiebel- und Selleriewürfelchen unter die Kichererbsencreme mischen. Creme mit Salz und Pfeffer abschmecken.

 *Die Kleinschneiderei lohnt sich – sonst fehlt der Crunch.*

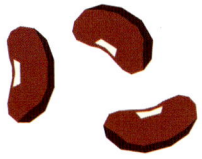

BAKED BEANS-AUFSTRICH

Zubereitungszeit: 5 Min.
Zutaten für 2 Portionen:

1 Dose Baked Beans (Füllgewicht 400 g)
Salz
Pfeffer
½ TL geräuchertes Paprikapulver
4 Stängel Petersilie

1. Die Baked Beans aus der Dose samt Flüssigkeit in einen Mixer oder hohen Rührbecher schütten und im Mixer oder mit dem Pürierstab glatt pürieren. Durch die Stärke in den Bohnen entsteht automatisch eine cremige Konsistenz. Creme mit Salz, Pfeffer und geräuchertem Paprikapulver abschmecken.

2. Die Petersilie waschen und trocken schütteln. Die Blättchen hacken und unterrühren bzw. aufstreuen. Das sieht gut aus und verpasst dem Ganzen noch einen Frischekick.

SCHNELLE KNOBLAUCHMAYO

1. Knoblauch schälen, grob schneiden und mit Ei, Senf und Öl in einen hohen Rührbecher geben. Alles mit dem Pürierstab mixen, bis eine Mayonnaise entsteht.

2. Knoblauch-Mayo mit Salz, Zucker und Zitronensaft abschmecken. Passt zu Baguette.

Zubereitungszeit: 5 Min.
Zutaten für 2 Portionen:

5 Knoblauchzehen
1 Ei (M oder L)
1 TL mittelscharfer Senf
200 ml Öl
Salz
1 Prise Rohrohrzucker
1–2 Spritzer Zitronensaft

TIPP! Ist die Mayo zu flüssig, mixt noch Öl unter. Ist sie zu fest, rührt Milch dazu.

Brunchen und lunchen

GARNELENSALAT MIT ANANAS

Zubereitungszeit: ca. 10 Min.

Zutaten für 2 Portionen:

100 g geschälte, gegarte kleine Garnelen (küchenfertig)
3 EL Ananasstücke (frisch oder aus der Dose)
3 Frühlingszwiebeln
6 EL Cocktailsauce (s. Annes Tipp)
Salz
Pfeffer

1. Die gegarten Garnelen in eine Schüssel geben. Sehr große Garnelen vorher etwas kleiner schneiden.

   Wichtig! Rohe Garnelen müsst ihr vorher garen: Dazu die Garnelen in einer Pfanne in etwas Olivenöl rundherum ca. 2 Min. braten, bis sie sich schön rosa färben.

2. Die Ananasstücke in einem Sieb abtropfen lassen, dann so schneiden, dass sie etwa dieselbe Größe wie die Garnelen haben. Ananas zu den Garnelen geben.

3. Die Frühlingszwiebeln waschen, putzen und in feine Ringe schneiden. Ebenfalls rein damit in die Schüssel! Dann die Cocktailsauce untermischen und den Salat mit Salz und Pfeffer abschmecken.

ANNES TIPP

Für eine selbst gemachte Cocktailsauce 2 EL Mayo mit 2 EL Ketchup, ½ TL Paprikapulver, ½ TL Cayennepfeffer, 1 Spritzer Orangensaft und je 1 Prise Salz und Pfeffer verrühren. Ich gebe noch frisch gehacktes Koriandergrün oder Dill dazu.

KRABBENSALAT MIT APFEL UND DILL

Brunchen und lunchen

Zubereitungszeit: ca. 10 Min.

Zutaten für 2 Portionen:

100 g gepulte Krabben
1 süßsaurer Apfel mit roter Schale
1 Schalotte
⅓ Bund Dill
5 EL Mayonnaise
Salz
Pfeffer
½ TL abgeriebene Bio-Zitronen- oder Limettenschale

1. Die Krabben in eine Schüssel geben. Den Apfel waschen und vierteln. Das Kerngehäuse entfernen. Die Viertel in feine Würfel schneiden. Die Schalotte schälen und ebenfalls fein würfeln. Beides zu den Krabben geben.

2. Den Dill waschen und trocken schütteln. Die Dillspitzen abzupfen, fein hacken und mit der Mayonnaise ebenfalls in die Schüssel zu den Krabben geben.

3. Alles mit Salz, Pfeffer und etwas abgeriebener Zitronen- oder Limettenschale würzen und vorsichtig miteinander vermengen. Den Krabbensalat zum Schluss noch mal abschmecken. Vielleicht fehlt noch etwas Salz oder Zitronenabrieb?

ANNES TIPP

Gönnt den Krabben eine frische Brise: Zitronen- oder Limettenschale schadet nie!

Brunchen und lunchen

EIERSALAT MIT MANDARINEN UND CURRY

Zubereitungszeit: 5 Min. + evtl. 10 Min. Eier kochen

Zutaten für 2 Portionen:

2 hart gekochte Eier
2 EL Mandarinen (aus der Dose)
2–3 Stängel Minze
3 EL Mayonnaise
½ TL Currypulver
Salz
Pfeffer

1. Die Eier pellen, halbieren und in kleine Stückchen schneiden oder einmal längs und einmal quer durch einen Eierschneider drücken. Das mache ich immer, denn so entstehen perfekte Würfel.

2. Die Mandarinen aus der Dose nehmen, in einem Sieb abtropfen lassen und grob kleiner schneiden.

Wichtig! **Die Mandarinen wirklich gut abtropfen lassen, sonst wird der Salat zu flüssig.**

3. Die Minze waschen und trocken schütteln. Blättchen abzupfen und in feine Streifen schneiden.

4. Eier, Mandarinen und Minze mit der Mayo in einer Schüssel verrühren und mit Currypulver, Salz und Pfeffer würzen und abschmecken.

Gut zu wissen

Mandarinen mit einem Löffel aus der Dose fischen. Die übrigen Mandarinen dann für einen Obstsalat, die Flüssigkeit für eine Vinaigrette verwenden.

EIERSALAT MIT AVOCADO UND CHILI

Brunchen und lunchen

Zubereitungszeit: 5 Min.

Zutaten für 2 Portionen:

2 hart gekochte Eier
1 kleine, reife Avocado (wer nur große bekommt, nimmt ½)
1 EL Zitronensaft
1–2 TL Chiliflocken (je nachdem, wie scharf ihr es mögt)
2 EL Mayonnaise
Salz
Pfeffer
1 Frühlingszwiebel
1 EL heller Sesam

1. Die Eier pellen, halbieren und in kleine Stückchen schneiden oder einmal längs und einmal quer durch einen Eierschneider drücken.

2. Avocado halbieren und den Kern entfernen. Das Fruchtfleisch aus der Schale löffeln und mit einer Gabel grob zerdrücken oder mit einem Kartoffelstampfer zerstoßen, dann sofort mit dem Zitronensaft beträufeln.

3. Eier und Avocadomix mit Chiliflocken und Mayonnaise vermengen und mit Salz, Pfeffer und – wie ihr mögt – mit noch mehr Chili abschmecken.

4. Die Frühlingszwiebel putzen, waschen und in möglichst feine Ringe schneiden. Frühlingszwiebelringe mit dem Sesam über den Salat streuen.

ANNES TIPP

Bereitet den Salat erst kurz vorm Essen vor, sonst läuft die Avocado an und wird braun.

Brunchen und lunchen

BAUERNFRÜHSTÜCK-MUFFINS

Zubereitungszeit: ca. 10 Min. | Backzeit: 15 Min.

Zutaten für 4 Stück:

- 4 gekochte Pellkartoffeln (am besten vom Vortag und in Bio-Qualität)
- 1 Zwiebel
- 1 EL Speckwürfel (Veggie-Tausch-Tipp s. rechts)
- 1 Ei (L)
- Salz
- Pfeffer
- 1 Prise frisch geriebene Muskatnuss
- 2 EL geriebener Käse zum Gratinieren (nach Belieben)

Außerdem:
- 6er Muffinform
- Butter oder Öl zum Ausfetten der Form

1. Vier Mulden der Muffinform mit Öl bepinseln. Je 1 Pellkartoffel mit einem Löffel in eine gefettete Mulde drücken. (Lasst die Schale dran, sie sorgt für perfekten Halt, und die Muffins schmecken so auch einfach besser.) Jede Kartoffel in der Mulde anschließend mit dem Löffel aufbrechen und dabei jeweils etwas an die Seite drücken, sodass eine Öffnung entsteht.

2. Die Zwiebel schälen, fein würfeln und mit Speck und Ei vermengen. Die Mischung mit Salz, Pfeffer und Muskatnuss würzen. Den Backofen auf 180° Umluft vorheizen.

3. Die Zwiebel-Ei-Mischung dann vorsichtig jeweils in die Öffnung in der Mitte der Kartoffeln füllen. Wer will, streut nun noch ein bisschen geriebenen Käse darüber.

4. Die Kartoffeln im heißen Ofen (Mitte) ca. 15 Min. backen. Dann das Blech herausnehmen und die Kartoffeln kurz abkühlen lassen. Glaubt mir, die 3 Min. habt ihr! Die Muffins sind sonst viel zu heiß!

ANNES TIPP

Nehmt Kartoffeln, die gut in die Mulden der Muffinform passen. Und am besten kocht ihr die Kartoffeln schon am Vortag.

Tauschbörse

Wer Speck nicht mag, nimmt stattdessen Räuchertofu oder lässt ihn ganz weg. Dann aber alles noch mit 1 TL geräuchertem Paprikapulver würzen.

QUICHE NORDDEUTSCHLAND

Zubereitungszeit: 15 Min. | Backzeit: ca. 30 Min.

Zutaten für 1 Quicheform (⌀ 28 cm):

1 frischer runder Blätterteig (ca. 32 cm ⌀; aus dem Kühlregal; ersatzweise rechteckiger Teig)
150 g grüne TK-Bohnen (oder frische, wenn ihr habt)
2 Zwiebeln
1 feste Birne
75 g kräftig-aromatischer Käse (z. B. Deichkäse; aber nehmt, was euch schmeckt)
125 g Speckwürfel (ich bevorzuge gewürfelten Katenschinken)
150 ml Milch
6 Eier (L)
Salz
Pfeffer

Außerdem:
1 Quicheform
Butter oder Öl für die Form

1. Die Quicheform richtig gründlich einfetten. Den Blätterteig reinlegen und vorsichtig in die Form drücken, die Ränder, falls nötig, zurechtschneiden.

2. TK-Bohnen etwas antauen lassen und, falls nötig, in mundgerechte Stückchen schneiden. (Frische Bohnen müsst ihr vorher putzen und ca. 4 Min. blanchieren). Die Zwiebeln schälen und würfeln. Die Birne waschen, trocken tupfen und vierteln, das Kernhaus entfernen. Die Viertel in Würfel schneiden. Die müssen nicht supergleichmäßig sein, sie werden beim Backen weich und behalten dann nicht ihre Form. Den Käse reiben. Den Backofen auf 180° Umluft vorheizen.

3. Bohnen, Zwiebeln, Birnen, Käse und Speck in einer Schüssel mit Milch und Eiern vermengen und kräftig würzen. Dann die Eiermasse in die Form auf den Blätterteig gießen. Quiche im heißen Ofen (Mitte) in ca. 30 Min. schön braun backen. Herausnehmen, kurz abkühlen lassen und kalt oder warm genießen.

ANNES TIPP

Ich mache Quiche immer mit Blätterteig – weil es mir zu aufwändig ist, extra einen Mürbeteig zu kneten.

Brunchen und lunchen

»ARMER RITTER«-QUICHE

Brunchen und lunchen

Zubereitungszeit: 5 Min. | Backzeit: 20–25 Min.

Zutaten für 1 Quicheform (⌀ 28 cm):

1 frischer runder Blätterteig (ca. 32 cm ⌀; aus dem Kühlregal; ersatzweise rechteckiger Teig)
100 ml Milch
200 g körniger Frischkäse
6 Eier (M)
1 EL Zucker
1 TL Zimt
Salz
2 EL Haselnuss-Nugat-Creme

Außerdem:
1 Quicheform
Butter oder Öl für die Form

1. Den Backofen auf 175° Umluft vorheizen. Die Quicheform richtig gründlich einfetten. Den Blätterteig reinlegen und vorsichtig in die Form drücken, die Ränder, falls nötig, zurechtschneiden.

   Wichtig! Drückt den Teig nicht zu stark in die Form, sonst klebt er daran fest oder reißt.

2. Für die Füllung die Milch mit dem Frischkäse und den Eiern vermischen. Zucker, Zimt, 1 Prise Salz und die Nuss-Nugat-Creme gründlich untermischen.

3. Dann die Eiermasse in die Form auf den Blätterteig gießen. Die Quiche im heißen Ofen (Mitte) in 20–25 Min. schön braun backen. Herausnehmen und die Quiche kurz abkühlen lassen, bevor ihr sie esst.

Pasta und Basta!

Ein großer Teller Nudeln, eine würzige Sauce, ein Riesenberg Parmesan – mehr brauche ich nicht zum Glück!

MEINE LIEBLINGSNUDELN

NUDELN KOCHEN WIE EIN PROFI

Bringt in einem großen Topf erst mal reichlich Wasser zum Kochen, nehmt mindestens 1 l pro 100 g Nudeln. Das kochende Wasser kräftig salzen und dann die Nudeln reinwerfen. Sie sollten schnell komplett unter Wasser sein. Nun kocht ihr die Pasta nach Packungsanweisung. Tatsache ist allerdings, dass ich meine Nudeln schon 1–2 Min. vor der empfohlenen Zeitspanne abgieße. Ich lasse sie dann noch kurz in der Sauce verweilen, so verbindet sich alles harmonisch und zum Servieren sind Spaghetti oder Penne dann schön al dente. Nudeln knapp bissfest zu kochen ist auch empfehlenswert, wenn sie danach noch in einen Auflauf kommen. Denn im Ofen garen sie ja noch weiter. Nur für Nudelsalat solltet ihr eure Pasta auf den Punkt genau zubereiten.

LANGE NUDELN

… esse ich besonders gern. Spaghetti, Tagliatelle, Linguine oder Bavette passen super zu Pesto, schmecken mir aber auch gut zu cremigen Sahnesaucen oder »Aglio e Olio«-Varianten. Und ich mag es, wenn ich mal wieder viel zu viele Nudeln aufgedreht habe und dann doch die Hälfte wieder von der Gabel fällt.

KURZE NUDELN

… wie z.B. Penne, spiralförmige Fusilli oder Orecchiette, die auch Öhrchennudeln heißen, nehmen Sauce besonders gut auf. Ich wähle sie, wenn ich Gemüse- oder Hackfleischsaucen mache. Auch für Auflauf und Gratin sind die kurzen Nudeln sehr gut geeignet, die langen bekommt man ja nie so richtig aus der Form.

COOLE MINIS

Für einen Salat dürfen die Nudeln gern noch eine Nummer kleiner sein. Denn hier haben Riso-Pasta, kleine Muschelnudeln oder Mini-Orecchiette einen großen Vorteil, weil sie sich so easy aufgabeln lassen.

ANNES TIPP

Beim Abgießen immer etwas Nudelwasser auffangen. Ihr könnt mit der stärkehaltigen Flüssigkeit eure Sauce binden.

Ob mit Sahnesauce oder Pesto: Ich liebe Nudeln!

PASTA MIT CREMIGER PAPRIKASAUCE UND ERBSEN

Zubereitungszeit: 25 Min.

Zutaten für 2 Portionen:

1 rote Zwiebel
1 Knoblauchzehe
1 große rote Paprika
Olivenöl
1 Schuss Weiß- oder Roséwein zum Ablöschen (es macht aber nichts, wenn ihr keinen zur Hand habt)
150 g Sahne
Salz
Pfeffer
250 g Penne oder Fusilli (oder andere kurze Nudeln, die ihr gern mögt)
4 EL TK-Erbsen
Parmesan zum Darüberreiben

1. Zwiebeln und Knoblauch schälen und klein schneiden. Paprika waschen und halbieren, Kerne und Trennwände entfernen. Die Paprikahälften klein schneiden.

Wichtig! *Die Sauce wird püriert. Macht euch deshalb nicht den Stress, die Paprikaschote exakt zu würfeln. Es reicht, wenn die Stücke ungefähr gleich groß sind, damit sie gleichzeitig gar werden.*

2. Stellt nun schon mal eine Pfanne auf den Herd und erhitzt darin ein bisschen Olivenöl. Dann gebt ihr Zwiebel- und Paprikawürfel in die Pfanne und schwitzt alles bei mittlerer bis großer Hitze schön an. Zwiebel- und Paprika dürfen dabei auch anrösten. Zum Schluss erst den Knoblauch dazugeben.

3. Dann alles mit dem Wein, falls ihr ihn zur Hand habt, ablöschen, die Sahne dazugießen und die Paprika-Mischung mit Salz und Pfeffer würzen.

4. Nun lasst ihr alles bei kleiner Hitze zugedeckt köcheln und wartet ab. Es dauert 10–15 Min., bis die Zwiebel- und Paprikastückchen richtig schön weich sind.

Easy peasy fertig!

5. In dieser Zeit das Nudelwasser aufkochen und gut salzen. Die Nudeln darin nach Packungsanleitung bissfest oder nach persönlicher Vorliebe kochen.

6. Knapp ½ Kelle Nudelwasser zur fertig gegarten Paprika-Mischung geben und alles mit einem Pürierstab fein pürieren. Erbsen zur Sauce schütten und noch kurz mitköcheln lassen, bis sie gut erhitzt sind.

7. Fertige Nudeln in ein Sieb abgießen, in die Pfanne geben und gut mit der Sauce verrühren. Nudeln mit frisch geriebenem Parmesan servieren. Wer's feurig mag, gibt noch Chiliöl oder Sriracha-Sauce dran!

BANDNUDELN MIT LACHS-WEISSWEIN-SAUCE

Zubereitungszeit: 30 Min.

Zutaten für 2 Portionen:

2 Schalotten (alternativ 1 Zwiebel nehmen)
2 Knoblauchzehen
2 Stängel Dill
Olivenöl
100 ml Weißwein
150 g Lachsfilet
Salz
250 g lange Nudeln (ich empfehle Linguine, breitere Bandnudeln passen aber auch)
100 g Baby-Spinat oder aufgetauter TK-Blattspinat (nach Belieben)
150 g Sahne
50 g Gorgonzola (wenn ihr den nicht mögt, lasst ihr ihn einfach weg)
Pfeffer
1 Prise frisch geriebene Muskatnuss

1. Schalotten und Knoblauch schälen und in feine Ringe bzw. Scheiben schneiden. Dill waschen und trocken schütteln. Spitzen abzupfen und beiseitelegen.

   Tipp! **Hackt die Dillstiele klein und gebt sie mit in den Topf – für noch mehr Geschmack!**

2. Olivenöl in einen Topf geben und leicht erhitzen. Schalotten und Knoblauch reinrühren und farblos anschwitzen, dann mit dem Weißwein ablöschen und 3–5 Min. köcheln lassen. Inzwischen den Lachs in grobe Würfel schneiden. Die sollten mindestens daumendick sein.

3. Nebenher das Nudelwasser aufkochen und salzen. Nudeln darin nach Packungsanweisung bissfest oder nach persönlicher Vorliebe kochen. Spinat verlesen, waschen und abtropfen lassen – falls ihr frischen Spinat nehmt.

4. Sahne zum Weißweinsud geben und aufkochen. Dann Hitze runterschalten, Lachs und Spinat reinrühren und bei sehr kleiner Hitze in 5–10 Min. langsam garziehen lassen. Den Gorgonzola zerrupfen und mit den Dillspitzen unterrühren. Alles mit Salz, Pfeffer und Muskat abschmecken. Fertige Nudeln in ein Sieb abgießen und vorsichtig unter die Lachs-Weißwein-Sauce rühren.

Pasta und Basta!

GARNELENPASTA ANNE UND MELL

Zubereitungszeit: 30 Min.

Zutaten für 2 Portionen:

- 150 g geschälte, gegarte Garnelen (küchenfertig; s. Tipp)
- 10 Kirschtomaten oder 4 in Öl eingelegte, getrocknete oder 3 große Tomaten (was ihr gerade habt)
- 2 Schalotten
- 3 Knoblauchzehen
- Olivenöl
- Salz
- 200 g lange Nudeln (Linguine, Spaghetti oder was auch immer)
- 200 g Sahne
- 1 EL Tomatenmark
- Pfeffer
- 1 kleine Handvoll Basilikumblättchen (nach Belieben)

1. Garnelen zum Auftauen in eiskaltes Wasser geben oder schon am Tag vorher aus dem Eisfach nehmen und über Nacht in den Kühlschrank packen.

2. Tomaten waschen bzw. abtropfen lassen und halbieren oder würfeln. Schalotten und Knoblauch schälen und in feine Ringe bzw. Scheiben schneiden. Beides in einer großen Pfanne bei mittlerer Hitze in Olivenöl anschwitzen. Dann die Hitze erhöhen, die Garnelen trocken tupfen und im Öl kurz heiß anbraten. Die Tomaten dazurühren und alles noch mal durchschwenken.

3. Nebenher das Nudelwasser aufkochen und gut salzen. Die Nudeln darin nach Packungsanweisung bissfest oder nach persönlicher Vorliebe kochen.

4. Zum Garnelen-Mix die Sahne gießen, Tomatenmark unterrühren. Sauce etwas einköcheln lassen und mit Salz und Pfeffer abschmecken. Fertige Nudeln in ein Sieb abgießen, zur Sauce geben und untermengen. Wer mag, streut noch Basilikumblättchen drüber.

ANNES TIPP

Ihr könnt die Garnelen natürlich auch selbst schälen, dann braucht ihr 240 g.

Gut zu wissen

Basilikum immer erst zum Schluss untermischen oder drüberstreuen – so behalten die Blättchen Farbe, Geschmack und Aroma.

NUDELN MIT THUNFISCH UND GRÜNER PAPRIKA

Zubereitungszeit: 20 Min.

Zutaten für 2 Portionen:

1 rote Zwiebel
2 Knoblauchzehen
1 große grüne Paprika
4 EL Olivenöl
3 Kirschtomaten
1 Dose Thunfisch (im eigenen Sud; ca. 150 g Abtropfgewicht)
250 g lange Nudeln (Spaghetti oder Linguine)
1 EL Ketchup
1 EL Butter
Salz
Pfeffer
3 Spritzer Zitronensaft

1. Zwiebel und Knoblauch schälen und in feine Streifen bzw. Scheiben schneiden. Die Paprikaschote waschen und halbieren, Kerne und Trennwände entfernen. Die Paprikahälften in kleine Würfel schneiden.

2. Nun den Topf auf den Herd stellen und das Olivenöl darin erhitzen. Zwiebeln und Knoblauch einrühren und kurz bei kleiner bis mittlerer Hitze anschwitzen. Dann die Paprikawürfel dazugeben und alles 1–2 Min. weiterbraten, dabei immer schön rühren.

3. Die Kirschtomaten waschen, vierteln und in den Topf zur Paprika-Zwiebel-Mischung geben.

4. Dann die Fischdose öffnen und den Thunfisch mitsamt der Flüssigkeit in den Topf schütten. Kleine Info dazu: Der Fisch liegt ja im eigenen Sud, deshalb muss er vorher nicht abtropfen. Und der Sud schmeckt aromatisch und darf deshalb mit in die Sauce.

5. Nebenher das Nudelwasser aufkochen und gut salzen. Die Nudeln darin nach Packungsanweisung bissfest oder nach persönlicher Vorliebe kochen.

Pasta und Basta!

Green Deal: frisch gehackte Petersilie on top!

6. Die Thunfisch-Sauce mit Ketchup, Butter, Salz und Pfeffer würzen und mit Zitronensaft abschmecken. Den Deckel auflegen und die Sauce noch 2–4 Min. zugedeckt bei kleiner Hitze köcheln lassen.

7. Zum Schluss ½ Kelle Pastawasser aus dem Nudeltopf nehmen und zur Sauce gießen. Fertige Nudeln abgießen und unter die Sauce rühren, bis alles schön cremig wird. Dafür müsst ihr die Hitze ein wenig erhöhen. Das war's dann aber schon. Guten Appetit!

Pasta und Basta!

SPAGHETTI MIT PUTTANESCA-PESTO

Zubereitungszeit: 20 Min.

Zutaten für 2 Portionen:

5 Stängel Petersilie
½ Bio-Zitrone
3 EL Olivenöl
5 Sardellenfilets (aus dem Glas oder der Dose)
1 EL Kapern (aus dem Glas)
2 in Öl eingelegte, getrocknete Tomaten
2 EL schwarze Oliven
250 g Spaghetti
Salz
Pfeffer
1 Msp. Cayennepfeffer

1. Die Petersilie waschen und trocken schütteln. Die Blättchen und zarte Stiele sehr fein hacken. Petersilie in eine Schüssel geben, die hitzebeständig ist. Die Zitronenhälfte heiß abwaschen und abtrocknen, die Schale fein abreiben und zu der Petersilie geben.

2. Das Olivenöl in einer Pfanne erhitzen, dann vorsichtig über die Petersilienmischung gießen. Achung, es könnte spritzen! Das Öl etwas ziehen lassen.

3. In der Zwischenzeit Sardellen, Kapern, getrocknete Tomaten und Oliven in einem Sieb abtropfen lassen, anschließend fein schneiden oder hacken.

4. Gleichzeitig das Nudelwasser aufkochen und gut salzen. Die Spaghetti darin nach Packungsanweisung bissfest oder nach persönlicher Vorliebe kochen.

5. Sardellen, Kapern, Tomaten und Oliven zum Petersilienöl geben. Alles gut vermengen und noch einmal abschmecken mit Salz, Pfeffer und Cayennepfeffer.

6. Füllt das Pesto nun in eine Servierschüssel und gebt ½ Kelle Pastawasser hinzu. Fertige Nudeln in ein Sieb abgießen, dann unter das Pesto rühren. Alles gut vermengen, bis die Sauce schön cremig ist.

Gut zu wissen
Das stärkehaltige Nudelwasser verbindet sich mit dem Pesto zu einer herrlich cremigen Sauce.

PASTA MIT HACK-FENCHEL-SAUCE

Zubereitungszeit: 40 Min.

Zutaten für 2 Portionen:

2 Schalotten
2–3 Möhren (je nach Größe)
1 kleiner Fenchel
Olivenöl
200 g Hackfleisch (Rinderhack oder gemischtes)
250 g passierte Tomaten
Salz
Pfeffer
1 TL Ketchup
1 TL Worcestersauce
250 g kurze Nudeln (Penne, Orecchiette, Fusilli – alles passt!)
50 g Parmesan

1. Die Schalotten und Möhren schälen und in kleine Würfel schneiden. Die Fenchelknolle putzen und längs vierteln, den Strunk jeweils rausschneiden. Den Fenchel in kleine Stückchen schneiden.

2. Ein bisschen Olivenöl in einem Topf erhitzen. Die Schalotten-, Möhren- und Fenchelwürfel darin bei kleiner bis mittlerer Hitze ca. 5 Min. anschwitzen.

3. Dann das Hack einrühren und ca. 3 Min. mit anschwitzen. Die passierten Tomaten dazugießen und alles mit Salz, Pfeffer, Ketchup und Worcestersauce würzen.

4. Die Sauce ca. 15 Min. bei kleiner Hitze zugedeckt köcheln lassen. Wundert euch nicht, wenn alles zunächst recht trocken aussieht. Das Gemüse verliert beim Garen Flüssigkeit und sorgt dann für eine wunderbar aromatische Sauce mit schöner Konsistenz.

5. Nebenher das Nudelwasser aufkochen und gut salzen. Die Nudeln darin nach Packungsanweisung bissfest oder nach persönlicher Vorliebe kochen.

6. Die fertigen Nudeln abgießen und mit der Sauce vermengen. Den Parmesan frisch darüberreiben.

Restlos glücklich

GENIALE RESTO-PESTOS

KÜRBIS-SALBEI-RESTO

Zubereitungszeit: 10 Min.
Backzeit: 25 Min.
Zutaten für 2 Portionen:

½ Hokkaido-Kürbis (oder was ihr halt übrig habt)
1 Zwiebel
1 Knoblauchzehe
2 EL Olivenöl
Salz
Pfeffer
½ Handvoll Cashewkerne
3–4 Blätter Salbei (am besten frisch)

1. Den Ofen auf 170° Umluft vorheizen. Den Kürbis putzen, waschen und in grob würfeln. Zwiebel schälen, vierteln und mit den Kürbiswürfeln auf ein Blech oder in eine Auflaufform geben. Knoblauch schälen und dazugeben. Alles mit dem Öl beträufeln, salzen und im heißen Ofen (Mitte) ca. 25 Min. backen, bis der Kürbis weich ist. Inzwischen die Cashews in warmes Wasser einlegen.

2. Gebackenen Kürbis aus dem Ofen nehmen und samt Zwiebeln und Knoblauch in einen hohen Rührbecher oder einen Mixer geben. Salbei waschen, trocken schütteln und kleiner zupfen. Cashews abtropfen lassen und mit dem Salbei dazugeben. Alles noch mit dem Pürierstab oder im Mixer fein pürieren, dann salzen und pfeffern – fertig!

 **ANNES TIPP** *Wenn euer Resto nicht cremig genug ist, mixt etwas Olivenöl unter.*

KAPERN-PETERSILIE-RESTO

Zubereitungszeit 5 Min.
Zutaten für 2 Portionen:

2 EL Kapern
3 Stängel Petersilie
1 Bio-Zitrone
30 g Parmesan
4 EL Olivenöl
Salz
Pfeffer

1. Kapern abtropfen lassen. Petersilie waschen und trocken schütteln. Blätter und zarte Stiele grob zerkleinern. Zitrone heiß abwaschen und abtrocknen, Schale fein abreiben.

2. Parmesan fein reiben und mit Kapern, Petersilie und Olivenöl in einen hohen Rührbecher oder einen Mixer geben und alles im Mixer oder mit dem Pürierstab fein pürieren. Zum Schluss das Resto mit Zitronenabrieb, Salz und Pfeffer abschmecken.

BROKKOLISTIEL-WALNUSS-RESTO

1. Backofen auf 170° Umluft vorheizen. Brokkolistiel schälen, längs vierteln. Knoblauch schälen. Beides mit Öl und Salz in eine Auflaufform geben. Im heißen Ofen (Mitte) in ca. 15 Min. weich backen. Inzwischen Walnüsse kurz rösten. Parmesan fein reiben.

2. Form aus dem Ofen nehmen und den Inhalt mit den Nüssen in einen hohen Rührbecher oder einen Mixer geben. Alles mit dem Pürierstab oder im Mixer fein pürieren, dann den Parmesan unterrühren. Resto mit Salz und Pfeffer abschmecken.

Zubereitungszeit: 20 Min.
Zutaten für 2 Portionen:

1 Brokkolistiel
2 Knoblauchzehen
2 EL Olivenöl
Salz
½ Handvoll Walnusskerne
50 g Parmesan
Pfeffer

»ÖHRCHEN« MIT SALSICCE UND ZUCCHINICREME

Zubereitungszeit: 30 Min.

Zutaten für 2 Portionen:

2 kleine Zucchini
Olivenöl
Salz
Pfeffer
2 Knoblauchzehen
2 Salsicce (rohe italienische Bratwürste; à ca. 180 g)
250 g Orecchiette
½ EL Butter
Parmesan zum Darüberreiben

1. Den Backofen auf 160° Umluft vorheizen. Die Zucchini waschen, putzen und längs vierteln. Die Viertel auf ein Blech oder in eine Auflaufform geben und ordentlich Olivenöl darübergießen, dann kräftig mit Salz und Pfeffer würzen. Die Knoblauchzehen schälen, etwas andrücken und dazulegen.

2. Die Zucchiniviertel im heißen Ofen (Mitte) ca. 15 Min. backen, bis sie weich sind. Sie dürfen dabei auch ein bisschen Farbe bekommen. Währenddessen das Wurstbrät aus der Pelle drücken und zu Bällchen formen.

3. Nebenher das Nudelwasser aufkochen und gut salzen. Die Orecchiette darin nach Packungsanweisung bissfest oder nach persönlicher Vorliebe kochen.

4. Etwas Olivenöl in einer Pfanne erhitzen. Die Salsicce-Bällchen hereingeben und bei mittlerer Hitze langsam rundherum braun braten.

5. Die gegarten Zucchini aus dem Ofen nehmen und samt Olivenöl und Knoblauch in einen Rührbecher oder Mixer schütten, dann mit dem Pürierstab oder im Mixer fein-cremig pürieren. Die Butterflocke unterrühren und die Zucchinicreme mit Salz und Pfeffer abschmecken.

Pasta und Basta!

6. Nun gebt ihr die Zucchinicreme in die Pfanne mit den gebratenen Bällchen und rührt alles vorsichtig um. Falls nötig, fügt noch ein wenig Pastawasser hinzu.

7. Fertige Nudeln in ein Sieb abgießen, dann unter die Zucchini-Salsicce-Sauce rühren. Auf zwei Teller verteilen und soviel Parmesan, wie ihr mögt, darüberreiben.

Gut zu wissen
Manche Gnocchi müssen vor dem Braten kurz gekocht werden. Am besten erst mal die Packungsanweisung studieren!

GEBRATENE GNOCCHI MIT CREMIGER RATATOUILLE

Zubereitungszeit: 30 Min.

Zutaten für 2 Portionen:

1 Zwiebel
2 Knoblauchzehen
½ Zucchini
½ Aubergine
½ Paprika
Olivenöl
1 Tomate
2 Zweige Rosmarin
1 TL Tomatenmark
150 ml Gemüsebrühe
Salz
Pfeffer
400 g Gnocchi (s. Tipp)
100 g Sahne (ein Klecks Frischkäse geht auch)

1. Zwiebel und Knoblauch schälen und fein würfeln. Zucchini-, Auberginen- und Paprikastücke waschen und putzen. Nebenbei schon mal Olivenöl in einem Topf langsam erhitzen. Zwiebel- und Knoblauchwürfel reingeben und bei kleiner bis mittlerer Hitze anschwitzen.

2. Parallel dazu Paprika, Zucchini und Aubergine in Würfel schneiden (oder einfach nur in gleich große Stücke) und dann mit in den Topf geben. Alles ca. 5 Min. anschwitzen, dabei immer mal wieder rühren. Dann die Tomate waschen, in Würfel schneiden und hinzugeben. Nun den Deckel auflegen. Das Gemüse zugedeckt weiterköcheln und dabei Saft ziehen lassen.

3. Den Rosmarin waschen und trocken schütteln. Die Nadeln abzupfen und mit dem Tomatenmark zum Gemüse geben. Die Brühe angießen. Die Ratatouille salzen, pfeffern und zugedeckt weiterköcheln lassen. (Der Deckel muss drauf sein, sonst verdampft alles.)

4. Jetzt etwas Olivenöl in einer Pfanne erhitzen und die Gnocchi darin braten, bis sie schön goldbraun sind. Dann das Gemüse aus dem Topf und die Sahne dazugeben. Rührt alles vorsichtig cremig und verteilt es auf zwei Teller. Parmesan darüberreiben und genießen.

Pasta und Basta!

SCHUPFNUDELN MIT GUANCIALE UND TRAUBEN

Zubereitungszeit: 20 Min.

Zutaten für 2 Portionen:

- 100 g Guanciale (luftgetrockneter italienischer Speck)
- ca. 15 rote Weintrauben
- 400 g Schupfnudeln (Kühlregal)
- 2 Eier (M)
- 50 g Pecorino
- Salz
- Pfeffer

1. Guanciale in feine Streifen oder kleine Würfel schneiden, in eine Pfanne werfen und darin kurz bei hoher Temperatur erhitzen. Sobald der Speck aber »knistert«, die Hitze reduzieren. Denn wir wollen den Speck ja nicht braten, sondern nur das Fett auslassen.

2. In der Zwischenzeit die Weintrauben waschen und längs halbieren, wenn sie groß sind, auch gerne vierteln.

3. Wenn sich genügend flüssiges Fett in der Pfanne gesammelt hat, die Speckstückchen herausnehmen und auf einen Teller legen. Die Schupfnudeln in das Speckfett geben und rundherum goldgelb anbraten.

4. Parallel dazu die Eier in eine kleine Schüssel aufschlagen und verquirlen. Den Pecorino fein reiben.

5. Die Speckstückchen zurück in die Pfanne geben. Alles mit Salz und Pfeffer würzen und, falls das Ganze zu trocken aussieht, noch 2 EL Wasser hinzufügen. Alles noch mal stark erhitzen, am besten einmal aufkochen.

6. Dann die Pfanne vom Herd nehmen. Nun zunächst den geriebenen Käse reingeben und unterrühren, dann die Trauben untermischen und zum Schluss die verquirlten Eier zügig unterrühren.

Pasta und Basta!

Fruchtig – würzig!

7. Wenn es perfekt läuft, werden die Schupfnudeln nun glänzend von den Eiern umhüllt. Das »Schlimmste«, was passieren kann, ist, dass ihr am Ende Rührei in der Pfanne habt. Es schmeckt trotzdem sehr lecker.

Tauschbörse
Wer keine Schupfnudeln mag oder im Supermarkt nicht findet, bereitet einfach Gnocchi oder Pasta mit Weintrauben und Guanciale zu.

Pasta und Basta!

REISNUDELN MIT AUBERGINE UND HACK

Zubereitungszeit: 30 Min.

Zutaten für 2 Portionen:

1 Zwiebel
2 Knoblauchzehen
3–5 Stängel Koriandergrün
1 Aubergine
Olivenöl
150 g gemischtes Hackfleisch
200 g passierte Tomaten
1–3 Prisen gemahlener Kreuzkümmel (je nach Geschmack)
2 EL Sojasauce
200 g Reisbandnudeln

1. Die Zwiebel schälen und in Würfel schneiden. Knoblauch schälen und fein hacken. Koriandergrün waschen und trocken schütteln. Die Blättchen abzupfen und die Stiele sehr fein hacken.

2. Als nächstes die Aubergine waschen und putzen. Aubergine erst längs in Scheiben schneiden, dann die Scheiben in möglichst gleich große Würfel schneiden. Etwas Öl in einer Pfanne stark erhitzen. Die Auberginenwürfel reinwerfen und bei großer Hitze rundherum anbraten, sie dürfen dabei ruhig Farbe bekommen.

3. Dann die Zwiebelwürfel, den Knoblauch und die gehackten Korianderstiele in die Pfanne geben und kurz bei großer Hitze unterrühren. Das Hack dazugeben und 1–2 Min. unter Rühren mitbraten. Dann die Hitze reduzieren und die passierten Tomaten dazugeben. Alles gut verrühren und kurz bei kleiner Hitze köcheln lassen. Mit Kreuzkümmel (erst mal nur 1 kleine Prise nehmen!) und Sojasauce würzen.

4. Den Deckel auf die Pfanne legen und alles insgesamt ca. 20 Min. bei kleiner Hitze zugedeckt weiterköcheln lassen, dabei nach 5–10 Min. mal probieren. Muss noch mehr Kreuzkümmel, Salz oder Sojasauce ran? Sauce zugedeckt bei kleiner Hitze weiterköcheln lassen.

5. Nebenher das Nudelwasser aufkochen und gut salzen. Die Reisnudeln darin nach Packungsanweisung bissfest oder nach persönlicher Vorliebe kochen.

6. Die fertigen Nudeln in ein Sieb abgießen, dann in die Pfanne schütten und gut mit der Sauce verrühren. Jetzt noch schnell die Korianderblätter klein hacken und drüberstreuen – fertig!

Entspannt statt an‑gebrannt

Nach kleiner Vorarbeit übernimmt der Ofen. Und ihr könnt relaxen, bis euch Gratin, Auflauf & Pie zum Genießen einladen.

NORDDEUTSCHER SHEPHERD'S PIE

Zubereitungszeit: 25 Min. | Backzeit: 20 Min.

Zutaten für 2 große Portionen:

500 g mehligkochende Kartoffeln
Salz
4 Eier
2 Schalotten
Öl zum Braten
125 g Sahne
3 gehäufte TL mittelscharfer Senf
2 TL grobkörniger scharfer Senf (wenn ihr Senf auch so liebt wie ich)
200 g Hackfleisch (Rinderhack oder gemischtes)
Pfeffer
50 g Butter
100 ml Milch
1 Prise frisch geriebene Muskatnuss
50 g Deichkäse (oder Cheddar oder anderer Käse zum Gratinieren)

1. Die Kartoffeln schälen und in kochendem Salzwasser – je nach Größe – in 25–30 Min weich garen.

2. Währenddessen in einem zweiten Topf die Eier in ca. 8 Min. hart kochen, dann unter kaltem Wasser abschrecken, pellen und beiseitestellen.

3. Die Schalotten schälen und in feine Ringe schneiden. Wenig Öl in einem kleinen Topf erhitzen. Die Schalotten darin anschwitzen, dann die Sahne dazugießen. Senf und 1 Prise Salz unterrühren und alles bei kleiner Hitze langsam cremig köcheln lassen.

4. Nebenher das Hackfleisch schon mal mit Salz und Pfeffer würzen und in einer Pfanne in sehr wenig Öl bei großer Hitze kurz und scharf anbraten.

Wichtig! **Bratet das Hack in der Pfanne wirklich nur kurz an und keinesfalls durch, sonst wird es viel zu trocken im Ofen.**

5. Das angebratene Hackfleisch in einer Auflaufform so verteilen, dass es den Boden bedeckt. Die hart gekochten Eier klein hacken und auf der Hackmasse verteilen. Den Backofen auf 170° Umluft vorheizen.

6. Die Senfsauce noch mal probieren. Kann sie noch Salz vertragen? Dann die Sauce nachwürzen und anschließend gleichmäßig über den Eiern verteilen.

7. Wenn die Kartoffeln weich sind, das Wasser abgießen. Kartoffeln durch eine Presse drücken oder stampfen. Butter und Milch dazugeben. Den Kartoffelstampf glatt rühren und mit Salz und Muskat abschmecken.

8. Kartoffelstampf auf die Eier schichten. Den Käse reiben und darüberstreuen. Den Pie im heißen Ofen (Mitte) ca. 20 Min. backen, bis der Käse schön zerläuft.

NUDELAUFLAUF MIT GEMÜSE UND BERGKÄSE

Zubereitungszeit: 30 Min. | Backzeit: 20 Min.

Zutaten für 2 Portionen:

1 Zwiebel
1 kleine gelbe Paprika
1 kleiner Brokkoli (oder ½ Brokkoli und die andere Hälfte für Reisauflauf verwenden)
2 Handvoll Baby-Spinat
Salz
200 g Makkaroni
2 EL Butter (ca. 20 g)
1 EL Mehl (ca. 10 g)
200 ml Milch
1 Prise frisch geriebene Muskatnuss
75 g Bergkäse

1. Zwiebel schälen und klein würfeln. Paprika waschen und halbieren, Kerne und Trennwände entfernen. Hälften ebenfalls würfeln. Brokkoli waschen, putzen und in sehr kleine Röschen teilen. (Stiel für ein Resto, s. Seite 63, aufsparen oder mit in eine Gemüsepfanne geben.) Den Spinat verlesen, waschen und abtropfen lassen.

2. Nebenher das Nudelwasser aufkochen und gut salzen. Die Makkaroni darin nach Packungsanweisung bissfest oder nach persönlicher Vorliebe kochen. Den Backofen auf 170° Umluft vorheizen.

3. Butter in einer Pfanne schmelzen. Die Zwiebelwürfel in die Butter rühren und kurz darin anschwitzen. Alles mit Mehl bestäuben und mit dem Schneebesen verrühren. Paprikawürfel, Brokkoliröschen und Spinatblättchen in die Pfanne zu den Zwiebeln geben und 3–5 Min. bei kleiner Hitze mit anschwitzen.

4. Dann die Milch angießen und langsam aufkochen, dabei immer schön rühren. Alles köcheln lassen und weiterrühren, bis die Sauce dicker wird. Falls nötig, noch einen Schuss Milch hinzugeben. Béchamelsauce mit Salz und Muskat abschmecken.

Entspannt statt angebrannt

5. Fertige Makkaroni abgießen und sofort mit Sauce und Gemüse vermengen. Alles noch mal abschmecken, dann in eine Auflaufform geben. Bergkäse reiben und darüberstreuen. Den Auflauf ca. 20 Min. im Ofen (Mitte) backen, dann herausnehmen und genießen.

Tauschbörse

In diesem Auflauf mischen auch Möhren, Lauch oder Blumenkohlröschen gern mit – alles passt, was im Gemüsefach so rumliegt.

GEFÜLLTE SPITZPAPRIKA MIT LINSEN UND TOMATEN

Zubereitungszeit: 30 Min. | Backzeit: 20 Min.

Zutaten für 2 Portionen (4 Stück):

- 1 Zwiebel
- 2 Knoblauchzehen
- 5 Kirschtomaten
- 100 g rote Linsen (ihr könnt auch braune Berglinsen oder schwarze Belugalinsen nehmen)
- Olivenöl
- 100 ml Gemüsebrühe
- 150 g passierte Tomaten
- Salz
- Pfeffer
- 1 TL Sojasauce
- 1 EL Ketchup
- 4 rote Spitzpaprika
- 100 g geriebener Käse zum Gratinieren
- 1 kleine Handvoll Basilikum

1. Zwiebel und Knoblauch schälen und klein würfeln. Die Tomaten waschen und vierteln. Die Linsen in einem Sieb kurz unter kaltem Wasser waschen.

2. Zwiebeln und Knoblauch in einem Topf in etwas Olivenöl bei kleiner bis mittlerer Hitze anschwitzen. Tomatenviertel hinzufügen und ca. 2 Min. mit anschwitzen. Die Linsen dazugeben und ebenfalls kurz mit anschwitzen. Dann Brühe und passierte Tomaten angießen. Alles kräftig salzen, pfeffern und langsam aufkochen. Sojasauce und Ketchup hinzugeben. Linsen ca. 15 Min. bei kleiner Hitze garen, dabei ab und zu durchrühren und die Linsen probieren. Sie dürfen nicht zu weich werden.

3. Inzwischen den Backofen auf 170° Umluft vorheizen. Die Spitzpaprika waschen. Von jeder Spitzpaprika einen »Deckel« abschneiden und die Kerne auskratzen, z. B. mit einem Latte-macchiato-Löffel. Die gegarten Linsen noch mal abschmecken und in die Schoten füllen, diese dann in eine Auflaufform legen. Die »Deckel« könnt ihr dazulegen, auch übrige Füllung gebt ihr einfach mit in die Auflaufform. Nun noch den geriebenen Käse über die Spitzpaprika streuen und alles in ca. 20 Min. im heißen Ofen (oben) überbacken, dann herausnehmen. Basilikum waschen und trocken tupfen. Blättchen kleiner zupfen und über die Spitzpaprika streuen.

Tauschbörse

Für eine Veggie-Version gewürfelten Räuchertofu statt Hähnchen untermischen. Den Auflauf dann noch mit Chili-Öl beträufeln und gehackten Haselnüssen bestreuen.

HÄHNCHEN-KARTOFFEL-GRATIN MIT KORIANDER

Zubereitungszeit: 45 Min. | Backzeit: 25 Min.

Zutaten für 2 Portionen:

- 350 g vorwiegend festkochende oder festkochende Kartoffeln
- Salz
- 1 Zwiebel
- 2 Knoblauchzehen
- Öl zum Braten
- 200 g Sahne
- 2 TL Currypulver
- 200 g Hähnchenbrustfilet
- ½ Bund Koriandergrün (wer das nicht mag, nimmt Petersilie)
- 75 g TK-Erbsen
- 150 g geriebener Käse zum Gratinieren

1. Die Kartoffeln schälen und in mundgerechte Stücke schneiden – dann garen sie schneller. Kartoffeln in kochendem Salzwasser in 15–20 Min. weich garen.

2. Inzwischen Zwiebel und Knoblauch schälen und fein schneiden. Etwas Öl in einem Topf erhitzen. Zwiebel- und Knoblauchstückchen darin anschwitzen. Dann die Sahne dazugießen und langsam erhitzen. Alles mit 1–2 TL Salz und Currypulver würzen.

3. Das Hähnchenfilet in mundgerechte Stücke oder Streifen schneiden, z. B. wie Geschnetzeltes. Die gegarten Kartoffeln in ein Sieb abgießen und mit den Hähnchenstücken und der gewürzten Sahne in einer Auflaufform vermengen. Den Backofen auf 170° Umluft vorheizen.

4. Das Koriandergrün waschen und trocken schütteln. Die Blätter und zarten Stiele fein schneiden und mit den Erbsen unter den Kartoffel-Hähnchen-Mix mischen. Den geriebenen Käse aufstreuen. Den Auflauf im heißen Ofen (Mitte) ca. 25 Min. backen.

Tipp! *Manche Currys sind sehr scharf. Nehmt erst mal etwas weniger Pulver. Nachwürzen könnt ihr immer noch.*

Entspannt statt angebrannt

NUDELAUFLAUF CAPRESE

Zubereitungszeit: 15 Min. | Backzeit: 20 Min.

Zutaten für 2 Portionen:

Salz
250 g kurze Nudeln (z. B. Fusilli, Penne oder Farfalle)
1 Schalotte
2 Knoblauchzehen
Olivenöl zum Anschwitzen und zum Beträufeln
3 EL grünes Pesto
200 g Sahne
2 EL Tomatenmark
Pfeffer
10 Kirschtomaten
1 Handvoll Basilikum
1 Kugel Mozzarella

1. Das Nudelwasser aufkochen und gut salzen. Die kurzen Nudeln darin nach Packungsanweisung bissfest oder nach persönlicher Vorliebe kochen.

2. In der Zwischenzeit bereitet ihr die Sauce zu: Dazu die Schalotte schälen und in feine Ringe schneiden. Knoblauch schälen und fein schneiden oder hacken. Etwas Olivenöl in einem Topf erhitzen und Schalotte und Knoblauch darin anschwitzen. Dann Pesto, Sahne und Tomatenmark sowie Salz und Pfeffer hinzugeben und alles bei kleiner Hitze offen simmern lassen.

3. Den Backofen auf 170° Umluft vorheizen. Die Kirschtomaten waschen, vierteln und leicht salzen und pfeffern.

4. Fertige Nudeln in ein Sieb abgießen und mit Tomatenstückchen und Sauce in einer Auflaufform vermengen.

5. Basilikum waschen und trocken tupfen, wenn ihr wollt, auch ein bisschen kleiner zupfen. Die Hälfte der Blättchen unter die Nudeln mischen. Mozzarellakugel in Stückchen schneiden oder zupfen und darüberstreuen.

6. Den Auflauf im heißen Ofen (Mitte) 15–20 Min. backen. Dann aus dem Ofen holen, mit restlichem Basilikum bestreuen und mit etwas Olivenöl beträufeln.

Gut zu wissen
Für einen Frischekick noch 1 TL Schale von 1 Bio-Zitrone abreiben und zur Sauce geben – so wird sie fruchtig-aromatisch.

NUDELAUFLAUF GREEK STYLE

Zubereitungszeit: 20 Min. | Backzeit: 20 Min.

Zutaten für 2 Portionen:

1 Zwiebel
Olivenöl
100 g Kritharaki (s. Tipp)
250 ml Gemüsebrühe (vielleicht braucht ihr auch ein bisschen mehr)
Salz
Pfeffer
1–2 Prisen getrockneter Oregano
2 EL schwarze Oliven ohne Stein
1 große rote Paprika
15 Kirschtomaten
100 g Schafskäse (Feta)

1. Die Zwiebel schälen und in feine Würfel schneiden. Etwas Olivenöl in einer Pfanne erhitzen und darin die Zwiebelwürfel anschwitzen. Dann die Pasta dazugeben und kurz mit anschwitzen. Die Brühe dazugießen. Alles mit Salz, Pfeffer und Oregano würzen und bei kleiner Hitze wie Risotto köcheln lassen, dabei immer mal wieder rühren. Falls alles zu trocken wird, gießt ihr noch ein wenig Brühe oder Wasser an.

2. In der Zwischenzeit den Backofen auf 165° Umluft vorheizen. Die Oliven abtropfen lassen und in Stückchen schneiden. Die Paprika waschen und halbieren, Kerne und Trennwände entfernen. Paprikahälften in Würfel schneiden. Die Kirschtomaten waschen und vierteln.

3. Wenn die Pasta bissfest gegart ist, Paprikawürfel, Tomaten und Olivenstückchen unterrühren, dann alles in eine Auflaufform geben. Den Feta darüberbröseln. Den Auflauf im heißen Ofen (Mitte) ca. 20 Min. garen.

ANNES TIPP

Bevor ihr weiterblättert, weil ihr die Kritharaki-Nudeln nicht im Supermarkt gefunden habt: Ihr könnt stattdessen auch gut Riso-Pasta oder Reis nehmen.

REIS AUS DEM OFEN MIT GRÜNEM GEMÜSE

Entspannt statt angebrannt

Zubereitungszeit: 30 Min. | Backzeit: 20 Min.

Zutaten für 2 Portionen:

- 200 g Basmati-Reis (oder anderer Langkorn-Reis)
- 1 Zwiebel
- 1 Knoblauchzehe
- 1 kleiner Brokkoli (oder ½ Brokkoli und die andere Hälfte für Nudelauflauf nehmen)
- 150 g Champignons
- 1 EL Erdnussöl (oder ein anderes neutrales Öl)
- 150 g Sahne
- 1 EL helle Misopaste
- 3 EL TK-Erbsen
- 3 EL TK-Mais (oder abgetropfter Mais aus der Dose)
- Salz
- Pfeffer
- 100 g geriebener Käse zum Gratinieren
- 1 Handvoll Koriandergrün (wenn ihr wollt)

1. Den Reis nach Packungsanweisung garen. Inzwischen Zwiebel und Knoblauch schälen und fein würfeln.

2. Den Brokkoli waschen, putzen und in sehr kleine Röschen teilen. (Den Stiel für ein Resto, s. Seite 63, aufsparen oder mit in eine Gemüsepfanne geben.) Die Champignons putzen und, falls nötig, feucht abreiben. Die Pilze in feine Scheiben schneiden.

3. Das Öl in einen Topf geben und erhitzen. Die Zwiebel- und Knoblauchwürfel darin anschwitzen. Dann die Champignons dazugeben und kurz bei größerer Hitze anbraten. Die Brokkoliröschen dazugeben und bei mittlerer Hitze kurz mit anschwitzen.

4. Backofen auf 175° Umluft vorheizen. Die Sahne zur Pilzmischung gießen, die Misopaste vorsichtig einrühren. Erbsen und Mais hinzufügen. Alles salzen, pfeffern und ca. 5 Min. bei kleiner Hitze offen köcheln lassen.

5. Dann den gegarten Reis mit der Gemüsesauce vermengen und in eine Auflaufform geben. Den Käse darüberstreuen. Den Auflauf im heißen Ofen (Mitte) ca. 20 Min. backen, bis die Oberfläche goldbraun ist. Koriandergrün waschen und trocken schütteln. Blättchen und zarte Stiele hacken und über den fertigen Auflauf streuen.

Tauschbörse
Statt Brokkoli und Erbsen euer Lieblingsgemüse in den Auflauf packen! Paprika, Blumenkohl, Pak Choi, Möhren oder Sprossen – alles passt!

Mit Liebe gezaubert

ABER BITTE MIT SAUCE!

WEISSWEINSAUCE

Zubereitungszeit: 15 Min.
Zutaten für ca. 200 ml Sauce:

2 Schalotten
1 Knoblauchzehe
Öl
½ TL Korianderkörner
½ TL helle Senfkörner
½ TL Fenchelsamen
150 ml Weißwein
100 g Sahne
Salz
1 EL Butter

1. Schalotten und Knoblauch schälen und in Ringe bzw. Scheiben schneiden.

2. Etwas Öl in einem Topf erhitzen. Schalotten, Knoblauch, Koriander, Senf und Fenchelsamen hereingeben und darin bei mittlerer Hitze farblos anschwitzen. (Wer eins der Gewürze nicht mag, lässt es einfach weg.)

3. Dann alles mit dem Weißwein ablöschen und 2–3 Min. kochen lassen. Sahne und 1 Prise Salz hinzugeben.

4. Jetzt lasst ihr das alles noch ca. 5 Min. köcheln, dann gebt ihr 1 EL Butter hinzu und probiert die Sauce mal. Fehlt vielleicht noch Salz? Zum Schluss die Sauce durch ein feines Sieb passieren.

Rührt noch frisches Fenchelgrün oder Dill unter – fein zu Fisch!

BÉCHAMEL

Zubereitungszeit: 15 Min.
Zutaten für ca. 150 ml Sauce:

gut 1 EL Butter (10–15 g)
1 EL Mehl (ca. 10 g)
150 ml Milch
Salz
1 Prise frisch geriebene Muskatnuss

1. Butter in einem Topf bei kleiner Hitze schmelzen. Das Mehl hinzugeben und rühren, bis kleine Klumpen entstehen. Alles ca. 5 Min. weiterrühren, bis sich Butter und Mehl schön gleichmäßig verbunden haben.

2. Erst dann die Milch dazugießen und unterrühren. Alles langsam aufkochen lassen, dabei immer weiterrühren, bis die Sauce andickt. Nun könnt ihr sie mit Salz und Muskat abschmecken.

SAUCE HOLLANDAISE

1. Die Butter in einem kleinen Topf schmelzen. Eigelbe, Weißwein und Essig in einen zweiten Topf geben und gut verrühren.

2. Die Eigelbmischung langsam bei kleinster Hitze erwärmen, dabei stetig mit dem Schneebesen umrühren. Probiert immer mal. Die Mischung sollte warm, darf aber nicht zu heiß werden.

3. Dann die geschmolzene heiße Butter langsam (in ganz dünnem Strahl) einlaufen lassen, dabei ohne Unterbrechung rühren.

4. Sobald die Sauce andickt, zieht ihr sie vom Herd und schmeckt sie mit Salz, Zucker, Zitronensaft und Cayennepfeffer ab.

Zubereitungszeit: 25 Min.
Zutaten für ca. 250 ml Sauce:

150 g Butter
2 Eigelb
50 ml Weißwein
2 EL heller Essig
Salz
1 Prise Zucker
2 Spritzer Zitronensaft
1 Msp. Cayennepfeffer

Mit Liebe gezaubert

SAUCE? DA GEHT NOCH MEHR!

RAHMSAUCE

Zubereitungszeit: 20 Min.
Zutaten für ca. 200 ml Sauce:

1 Möhre
1 Stange Staudensellerie
1 Zwiebel
2 EL neutrales Öl
1 TL Tomatenmark
50 ml Rotwein (oder Weißwein)
200 ml sehr kräftige Rinderbrühe
1 Pimentkorn (nach Belieben)
1 Wacholderbeere (nach Belieben)
1 Lorbeerblatt
100 g Sahne
Salz
Pfeffer

1. Möhre, Selleriestange und Zwiebel putzen und schälen bzw. waschen. Das Gemüse getrennt in grobe Stücke schneiden.

2. Etwas Öl in einem Topf erhitzen. Möhre und Sellerie darin bei großer Hitze richtig schön rösten, bis die Stückchen braun werden. Dann die Zwiebel hinzugeben und unter Rühren mitrösten, auch die Zwiebelstückchen sollen schöne Farbe annehmen. Das Tomatenmark hinzugeben und ca. 1 Min. mitbraten. Alles mit dem Wein ablöschen und dabei den Bodensatz abkratzen.

3. Nun die Flüssigkeit wieder reduzieren, bis das Gemüse erneut brät und der Boden wieder braun wird. Dann die Rinderbrühe mit Piment, Wacholder und Lorbeerblatt hinzugeben. Jetzt lasst ihr das Ganze bei mittlerer Hitze ca. 15 Min. köcheln.

4. Zum Schluss die Sauce durch ein Sieb passieren und die Sahne angießen. Alles nochmals aufkochen, evtl. etwas einköcheln lassen und mit Salz und Pfeffer abschmecken.

DUNKLE GEMÜSESAUCE

Zubereitungszeit: 20 Min.
Zutaten für ca. 300 ml Sauce:

1 Möhre
¼ Knollensellerie
1 Zwiebel
neutrales Öl
1 TL Tomatenmark
200 ml Gemüsebrühe
Salz
Pfeffer
1–2 Stängel Petersilie (wenn ihr welche habt)

1. Möhre, Knollensellerie und Zwiebel putzen, schälen und getrennt in grobe Stücke schneiden. Möhre und Sellerie in etwas Öl bei großer Hitze in einem Topf braun anrösten, dann die Zwiebel hinzugeben und unter Rühren mitrösten. Tomatenmark dazugeben und noch ca. 2 Min. mitrösten.

2. Dann die Gemüsebrühe angießen. 1 Prise Salz und Pfeffer dazugeben sowie die gewaschene und grob zerzupfte Petersilie samt Stielen. Nun mit dem Pürierstab alles fein pürieren. Sauce noch mal abschmecken.

BUTTERSAUCE

1. Schalotten und Knoblauch schälen und klein schneiden. Kräuterzweig waschen und trocken schütteln.

2. Etwas Öl in einem Topf erhitzen. Schalotten und Knoblauch darin anschwitzen, Kräuterzweig und Pfefferkörner dazugeben.

3. Den Weißwein angießen. Alles ca. 5 Min. bei kleiner bis mittlerer Hitze simmern lassen, dann durch ein Sieb in einen zweiten Topf gießen und erneut aufkochen. Vom Herd ziehen und mit Pürierstab oder Schneebesen die Butter in Flöckchen einrühren. Sauce mit Salz und Zucker abschmecken.

Zubereitungszeit: 15 Min.
Zutaten für ca. 200 ml Sauce:

2 Schalotten
2 Knoblauchzehen
1 Zweig Thymian oder Rosmarin
neutrales Öl
4–5 Pfefferkörner
150 ml Weißwein
100 g Butter
Salz
1 Prise Rohrohrzucker

OFENPOLENTA MIT SPARGEL

Zubereitungszeit: 1 Std.

Zutaten für 2 Portionen:

Für die Polenta:
2 EL Butter
125 ml Milch (oder Milchalternative wie z. B. Hafer- oder Mandeldrink)
125 ml Gemüsebrühe
1 Knoblauchzehe
Salz
1 Prise frisch geriebene Muskatnuss
50 g Parmesan
50 g Polenta (Maisgrieß)

Für das Gemüse:
500 g grüner Spargel
3 Frühlingszwiebeln
4 EL Olivenöl
Salz
Pfeffer

1. Butter in einem Topf schmelzen, Milch und Brühe hinzugeben. Den Knoblauch schälen und zur Milch-Brühe-Mischung pressen oder fein reiben. Die Mischung ordentlich mit Salz und Muskat abschmecken. (Darf ruhig sehr salzig schmecken. Die Polenta verträgt das.)

2. Den Backofen auf 175° Umluft vorheizen. Den Parmesan reiben. Die Milch-Brühe-Mischung zum Kochen bringen und die Polenta dazuschütten, und zwar auf einmal. Polenta ca. 2 Min. kräftig umrühren, dann gebt ihr den Parmesan dazu und rührt ihn unter. Und nun eine wichtige Frage: Ist euer Topf ofenfest? Dann Deckel drauf und die Polenta zugedeckt im heißen Ofen (Mitte) insgesamt 40–45 Min. garen. Falls nicht, Polenta in eine Auflaufform umfüllen, die Form mit Alufolie verschließen und so in den Ofen stellen.

3. Jetzt müsst ihr aber noch mal ran und die Gemüseschicht vorbereiten: Dazu die holzigen Enden vom grünen Spargel abschneiden. Die Stangen waschen und in kleine Stücke schneiden. Die Frühlingszwiebeln waschen, putzen und in feine Ringe schneiden. Das Olivenöl mit Salz und Pfeffer würzen. Spargelstücke und Frühlingszwiebeln damit verrühren und marinieren. Nun habt ihr eine kleine Pause.

Entspannt statt angebrannt

4. Nach ca. 30 Min. Garzeit nehmt ihr die Polenta dann kurz heraus und verteilt die marinierten Spargel- und Frühlingszwiebelstücke darauf. Anschließend alles ohne Deckel oder Folie weitere 10–15 Min. im Ofen garen. Dann aus dem Ofen nehmen und genießen.

Tauschbörse
Außerhalb der Spargelsaison könnt ihr auch Pilze verwenden oder alles Gemüse, das ihr noch im Kühlschrank rumfliegen habt.

BLUMENKOHL AUS DEM OFEN MIT HOLLANDAISE

Zubereitungszeit: 20 Min. | Backzeit: 35 Min.

Zutaten für 2 Portionen:

1 kleiner Blumenkohl
6 kleine Kartoffeln (z. B. Drillinge)
Salz
Pfeffer
5 EL Olivenöl
250 ml Hollandaise (aus dem Päckchen oder selbst gemacht; Rezept s. Seite 89)
2 EL Panko-Paniermehl (oder normale Semmelbrösel)
1 kleines Bund Schnittlauch

1. Den Backofen auf 165° Umluft vorheizen. Den Blumenkohl waschen und putzen. Die Röschen vom Stiel schneiden. (Den Stiel für einen Auflauf oder eine Gemüsesuppe verwenden). Große Röschen halbieren oder vierteln. Die Blumenkohlstücke nebeneinander in einer großen Auflaufform verteilen.

2. Die Kartoffel gründlich waschen oder auch schälen. Kartoffeln längs halbieren und dazugeben.

3. Blumenkohl und Kartoffeln mit Salz und Pfeffer würzen, mit Öl beträufeln und gut verrühren. Das Gemüse im heißen Ofen (Mitte) zunächst ca. 25 Min. garen, es kann auch ruhig ein bisschen braun werden.

Tipp! **Wer mag, kann während der Gemüse-Garzeit die Hollandaise selbst kochen.**

4. Nach 25 Min. Garzeit holt ihr die Form aus dem Ofen und gebt die Hollandaise über Blumenkohl und Kartoffeln. Das Paniermehl darüberstreuen und dann alles noch mal 5–10 Min. im Ofen gratinieren. In der Zeit könnt ihr den Schnittlauch waschen, trocken schütteln und in Röllchen schneiden. Blumenkohl aus dem Ofen holen und mit dem Schnittlauch bestreuen.

Entspannt statt angebrannt

TATAR-KLÖSSCHEN UND NUDELN IN TOMATENSAUCE

Zubereitungszeit: 30 Min. | Backzeit: 20 Min.

Zutaten für 2 Portionen:

Für die Tatar-Klößchen:

1 Zwiebel
2 kleine Gewürzgurken
150 g Rinderhackfleisch
1 EL Kapern
1 TL mittelscharfer Senf
1 TL Ketchup
1 Ei
1–2 Spritzer Worcestersauce
Salz | Pfeffer
Olivenöl

Für Nudeln und Sauce:

200 g kurze Nudeln (z. B. Rigatoni, Penne oder Fusilli)
1 rote Zwiebel
2 Knoblauchzehen
3 Tomaten
Olivenöl
200 g passierte Tomaten
Salz | Pfeffer
1 Prise Zucker
100 g geriebener Käse zum Gratinieren

1. Bereitet als erstes die Klößchen zu: Die Zwiebel schälen, die Gurken abtropfen lassen. Beides in sehr kleine Würfel schneiden und in eine Schüssel geben. Hack, Kapern, Senf, Ketchup, Ei, Worcestersauce sowie je 1 Prise Salz und Pfeffer dazugeben. Alles gründlich vermischen und sechs kleine Klößchen daraus formen. Klößchen kurz in einer Pfanne in Öl von allen Seiten braten.

2. Nebenher das Nudelwasser aufkochen und gut salzen. Die Nudeln darin nach Packungsanweisung bissfest oder nach persönlicher Vorliebe kochen.

3. Für die Tomatensauce Zwiebel und Knoblauch schälen und fein würfeln. Tomaten waschen und ebenfalls in Würfel schneiden. Zwiebel- und Knoblauchwürfel in einer Pfanne in etwas Olivenöl anschwitzen. Die Tomaten hinzugeben und bei kleiner Hitze ziehen lassen. Den Backofen auf 170° Umluft vorheizen. Die passierten Tomaten zu der Tomatenwürfelmischung geben und mit Salz, Pfeffer und Zucker würzen. Die Tomatensauce ca. 10 Min. bei kleiner Hitze köcheln lassen.

4. Fertige Nudeln abgießen, mit der Sauce vermengen und in eine Auflaufform füllen. Vorsichtig die Klößchen untermischen. Käse darüberstreuen. Auflauf im heißen Ofen (Mitte) in ca. 20 Min. goldgelb überbacken.

Kräuterkick

Noch Petersilie da? Die Blättchen von 1–2 Stängeln fein hacken und mit den übrigen Gewürzen unter das Hackfleisch mischen.

GRÜNKOHLAUFLAUF MIT BÉCHAMEL

Zubereitungszeit: 40 Min.

Zutaten für 2 Portionen:

500 g vorwiegend festkochende oder festkochende Kartoffeln
Salz
2 Scheiben Kasseler Fleisch ohne Knochen
(oder 2 Scheiben Räucherspeck oder 2 Pinkel- oder grobe geräucherte Mettwürste)
20 g Butter
knapp 20 g Mehl
300 ml Milch
1 Prise frisch geriebene Muskatnuss
ca. 400 g gegarter Grünkohl (s. Tipp)
100 g Emmentaler

1. Die Kartoffeln schälen, kleiner schneiden und in kochendem Salzwasser je nach Größe in ca. 20 Min. weich garen. Inzwischen das Kasseler Fleisch (oder Speck oder Würste) in mundgerechte Stücke schneiden.

2. Während die Kartoffeln garen, die Béchamel zubereiten: Dazu die Butter in einem Topf schmelzen, das Mehl einrühren. Achtung: Es sollte nicht verbrennen. Dann die Milch angießen und langsam aufkochen lassen, dabei immer schön rühren. Alles ca. 10 Min. bei kleiner Hitze köcheln lassen, bis die Sauce dicker wird.

3. Den Backofen auf 175° Umluft vorheizen. Die fertige Béchamel kräftig mit Salz und frisch geriebener Muskatnuss abschmecken. Die gegarten Kartoffeln abgießen und in einer Auflaufform mit dem gegarten Grünkohl und den Fleisch- oder Wurststückchen vermengen.

4. Die Béchamel darüberträufeln. Den Emmentaler reiben und darüberstreuen. Den Grünkohlauflauf ca. 20 Min. im heißen Ofen (Mitte) backen, bis der Käse schön geschmolzen und gebräunt ist.

Entspannt statt angebrannt

Entspannt statt angebrannt

Zweite Chance für Grünkohl

Tipp!

Habt ihr Reste vom Grünkohlessen übrig? Wunderbar! Dann müsst ihr für diesen Auflauf nur Kartoffeln und Béchamel kochen. Ansonsten gart ihr meine »Lieblingspalme« vorab. Das klassische Rezept: 1 kg Grünkohlblätter verlesen und gründlich waschen, dann kleiner zupfen. 1 gewürfelte Zwiebel in 2 EL Schweineschmalz glasig anschwitzen. Grünkohl und 400 ml Brühe dazugeben. Alles aufkochen und bei kleiner Hitze ca. 45 Min zugedeckt köcheln lassen, dabei immer mal rühren. Wer mag, gibt 20 Min. vor Ende der Garzeit noch Speck oder geräucherte Wurst dazu. Zum Schluss den Kohl mit Salz und Pfeffer abschmecken.

Tauschbörse

Statt mit Spinat und Feta könnt ihr eure Pfannkuchen auch mit Käse- und Schinkenstückchen, Chili con Carne- oder Gyros-Resten füllen.

PFANNKUCHEN-GRATIN MIT FETA UND SPINAT

Zubereitungszeit: 30 Min. | Backzeit: 15 Min.

Zutaten für 2 Portionen:

Für die Pfannkuchen:
250 ml Milch
125 g Vollkorn-Weizenmehl
2 Eier (M)
Salz
Olivenöl
100 g Käse zum Gratinieren
1 kleine, dünne Stange Lauch

Für die Füllung:
1 Schalotte
Olivenöl
3 Handvoll Baby-Spinat (ca. 1 Beutel; ersatzweise 100 g aufgetauter TK-Blattspinat)
200 g Schafskäse (Feta; wenn ihr weniger habt, ist das auch okay)
Pfeffer
1 Prise frisch geriebene Muskatnuss

1. Für die Pfannkuchen Milch, Mehl, Eier und 1 TL Salz mit dem Schneebesen zu einem flüssigen Teig verrühren, bis es keine Klumpen mehr gibt. Evtl. noch etwas Milch unterrühren, falls der Teig zu fest ist.

2. In einer Pfanne 1 TL Olivenöl erhitzen. Ein Viertel des Teigs hereingeben und von beiden Seiten in ca. 2 Min. zu einem dünnen Pfannkuchen backen. Auf diese Weise vier Pfannkuchen backen.

3. Den Backofen auf 175° Umluft vorheizen. Für die Füllung Schalotte schälen, würfeln und in etwas Olivenöl in einer Pfanne anschwitzen. Den Spinat verlesen, waschen und abtropfen lassen, dann kurz in die Pfanne geben und reinrühren, bis er zusammenfällt. Lasst die Blätter wirklich nur kurz in der Pfanne, sonst werden sie im Ofen zu matschig. Spinat mit Salz, Pfeffer und Muskat würzen und die Hitze reduzieren. Jetzt den Feta dazubröseln und gut unter den Spinat mengen.

4. Füllung jeweils auf das untere Drittel der Pfannkuchen geben. Pfannkuchen aufrollen und in eine Auflaufform setzen. Käse drüberstreuen und alles im heißen Ofen (Mitte) in ca. 15 Min überbacken. Inzwischen den Lauch putzen und gründlich waschen, dann in feine Ringe schneiden und über den fertigen Auflauf streuen.

BREMER KNIPP-AUFLAUF

Zubereitungszeit: 35 Min. | Backzeit: 20 Min.

Zutaten 2 große Portionen:

500 g mehligkochende Kartoffeln
500 g Bremer Knipp (ersatzweise rohe, grobe Bratwürste)
1 Zwiebel
100 ml Milch
2 EL Butter
Salz
Pfeffer
6 EL Apfelmus

1. Die Kartoffeln schälen und in kochendem Salzwasser in 25–30 Min ordentlich weich garen.

2. Inzwischen Knipp in grobe Scheiben schneiden und in einer beschichteten Pfanne braten, zuerst bei großer Hitze, dann langsam bei kleinerer, sodass das Fett austreten kann. (Wer Bratwürste nimmt, drückt jeweils das Brät aus der Pelle und brät es ebenso.)

3. Die Zwiebel schälen, halbieren und in feine Halbringe schneiden. Wenn die Knippstücke knusprig sind und sich genügend Fett in der Pfanne gebildet hat, die Zwiebelringe mit in die Pfanne geben und weich dünsten. Den Backofen auf 170° Umluft vorheizen.

4. Die gegarten Kartoffeln abgießen und mit einem Kartoffelstampfer fein zerdrücken, dabei die Milch untermischen. Die Butter dazugeben. Alles mit etwas Salz und 1 Mini-Prise Pfeffer würzen und anschließend mit einem Kochlöffel schön cremig rühren.

5. Die gebratenen Knippstücke mit einem Schaumlöffel aus dem Fett nehmen und in eine Auflaufform geben, die Zwiebelringe ebenfalls. Nun noch ein bisschen Fett aus der Pfanne in die Form träufeln. Aber nehmt nicht zu viel – sonst ist es echt zu doll!

6. Das Apfelmus mit Knipp und Zwiebeln in der Auflaufform verrühren, dann das Kartoffelpüree daraufgeben und glatt streichen. Den Auflauf im heißen Ofen (Mitte) ca. 20 Min. backen.

ANNES INFO *Dieser Auflauf schmeckt für mich nach Kindheit und ist ein Seelenfutter, das mich auch heute noch bei schlechtem Wetter glücklich macht.*

Grillen und chillen

Veggie-Sticks, Sweet-Chili-Hähnchen und gegrillte Dorade – bei meinen Grillideen ist für jeden Geschmack was dabei.

Grillen und chillen

ARTISCHOCKEN-TOMATEN-SPIESSE

Zubereitungszeit: 10 Min. | Marinierzeit: mind. 1 Std. | Grillzeit: 10 Min.

Zutaten für 4 Spieße:

20 eingelegte Artischocken-herzen-Viertel
8 Kirschtomaten
1 rote Zwiebel
2 Zweige Thymian
½ Bio-Grapefruit (s. Tipp)
Salz | Pfeffer
6 EL Olivenöl

Außerdem:
4 Grillspieße

1. Die Artischocken-Viertel abgießen und in eine Schüssel geben. Die Kirschtomaten waschen und halbieren. Die rote Zwiebel schälen und vierteln, die Viertel jeweils in einzelne Segmente teilen.

2. Den Thymian waschen und trocken schütteln. Die Blättchen abzupfen. Die Grapefruithälfte heiß abwaschen, die Schale abreiben und den Saft auspressen. Schale und Saft mit Salz, Pfeffer, Thymianblättchen und dem Olivenöl zu einer Marinade vermischen.

3. Artischocken, Tomatenhälften und Zwiebelstückchen mit der Marinade übergießen. Alles gut vermischen und mind. 1 Std. marinieren – je länger, je lieber!

4. Dann je fünf Artischockenstückchen und vier Tomatenhälften mit jeweils einem Zwiebelstückchen dazwischen auf jeden Grillspieß stecken.

5. Spieße auf dem heißen Grill 5–10 Min. bei mittlerer Hitze grillen, bis sie Farbe bekommen haben, dabei die Spieße immer wieder mithilfe einer Grillzange drehen.

Gut zu wissen
Übrige Grapefruithälfte einfach auslöffeln oder auspressen und den Saft für ein Dressing benutzen.

FENCHEL-ORANGEN-SPIESSE

Zubereitungszeit: 15 Min. | Marinierzeit: mind. 1 Std. | Grillzeit: 10 Min.

Zutaten für 4 Spieße:

1 Fenchel
1 kleines Stück Ingwer (ca. 50 g)
½ Bio-Orange
Salz
Pfeffer
2 EL Olivenöl
1 EL heller Essig (z. B. Weißweinessig)

Außerdem:
4 Grillspieße

1. Die Fenchelknolle putzen, waschen und längs vierteln. Den keilförmigen Strunk grob rausschneiden. Den Fenchel in die einzelnen Segmente teilen.

2. Ingwer schälen und in dünne Scheiben schneiden Die Orangenhälfte heiß abwaschen und die Schale fein abreiben. Den Saft auspressen und mit Salz, Pfeffer, Olivenöl und Essig zu einer Marinade verrühren. Fenchel und Ingwerscheiben mit der Marinade übergießen, vermischen und mind. 1 Std. durchziehen lassen.

3. Dann die Fenchelstücke abwechselnd mit den Ingwerscheiben auf die Spieße stecken.

4. Die Spieße auf dem heißen Grill am Rand bei kleiner Hitze von allen Seiten ca. 10 Min. grillen, dabei die Spieße immer wieder mithilfe einer Grillzange drehen.

Grillen und chillen

Grillen und chillen

HALLOUMI HONEY MUSTARD BACON STICKS

Zubereitungszeit: 10 Min. | Marinierzeit: mind. 1 Std. | Grillzeit: 10 Min.

Zutaten für 6 Stück:

250 g Halloumi
2 EL mittelscharfer Senf
1 TL grobkörniger scharfer Senf (Rotisseur-Senf)
2 EL Honig
1 EL Olivenöl
1 EL heller Essig (z. B. Weißweinessig)
Salz | Pfeffer
3 Scheiben Bacon (Frühstücksspeck)

1. Den Halloumi in sechs gleich große Sticks schneiden. Beide Senfsorten mit Honig, Olivenöl und Essig zu einer Marinade verrühren. Die Marinade mit Salz und Pfeffer würzen und abschmecken.

2. Die Halloumi-Sticks mit der Senf-Honig-Marinade übergießen und gut damit vermischen. Halloumi mind. 1 Std. marinieren. Mehr schadet aber nicht.

3. Die Baconscheiben quer halbieren und um die Sticks wickeln (ähnlich wie bei Berner Würstchen).

4. Die Halloumi-Sticks auf dem heißen Grill bei mittlerer bis großer Hitze von allen Seiten insgesamt 8–10 Min. grillen, sodass der Bacon schön kross wird und der Käse warm. Dabei die Stücke immer wieder mithilfe einer Grillzange drehen.

Gut zu wissen
Die Sticks lassen sich super vorbereiten. Und je länger der Halloumi durchziehen kann, desto besser schmeckt er.

HALLOUMI TERIYAKI STICKS

Grillen und chillen

Zubereitungszeit: 10 Min. | Marinierzeit: mind. 1 Std. | Grillzeit: 10 Min.

Zutaten für 6 Stück:

250 g Halloumi
ca. 75 ml Teriyaki-Sauce
2 EL heller Sesam

1. Den Halloumi in sechs gleich große Sticks schneiden und mit der Teriyaki-Sauce vermischen. Halloumi mind. 1 Std. marinieren, am besten noch länger.

2. Sesam in eine Schüssel geben. Die Sticks auf dem heißen Grill am Rand bei kleiner bis mittlerer Hitze ca. 10 Min. von allen Seiten grillen. Dabei die Stücke immer wieder mithilfe einer Grillzange drehen. Fertige Sticks sofort im Sesam wälzen.

ANNES TIPP

Kein Problem, wenn ihr hier mal keine Zeit für langen Vorlauf habt: Auch kurz mariniert nimmt der Käse das Teriyaki-Aroma gut an.

Gut drauf

BUTTER MIT AROMAKICK

KNOBLAUCHBUTTER MIT PARMESAN

Zubereitungszeit: 20 Min.
Zutaten für 2 Portionen:

1 EL Olivenöl
5 Knoblauchzehen
2 Stängel Petersilie
15 g Parmesan
3 EL weiche Butter
Salz

1. Das Olivenöl in einer Pfanne erhitzen. Knoblauch schälen. Die ganzen Zehen in die Pfanne geben und ca. 10 Min. bei kleiner Hitze dünsten, bis sie weich sind.

2. Inzwischen die Petersilie waschen und trocken schütteln. Blättchen abzupfen und sehr fein hacken. Den Parmesan fein reiben.

3. Den gegarten weichen Knoblauch in einem Schälchen mit einer Gabel zerdrücken. Dann Petersilie, Parmesan, die weiche Butter und 1 Prise Salz dazugeben. Nun alles gut vermengen und zum Schluss noch mal abschmecken. Schmeckt einfach so auf Brot oder mit Tomatenscheiben obendrauf.

ANNES TIPP *Butter auf Baguette streichen und das dann nochmal kurz überbacken oder grillen – schmeckt wunderbar!*

BUTTER MIT SENF

Zubereitungszeit: 2 Min.
Zutaten für 2 Portionen:

2 EL weiche Butter
1 TL grobkörniger scharfer Senf (Rotisseur-Senf)
1 TL mittelscharfer Senf
Salz

1. Ganz easy gemacht: Die weiche Butter mit beiden Senfsorten verrühren und dann mit Salz abschmecken – schon fertig! Tolle Alternative zu Kräuterbutter auf Steaks.

ANNES TIPP

Gebt die mal zum Schluss an Bratkartoffeln – superlecker!

MISO-KORIANDER-BUTTER

1. Die weiche Butter mit einer Gabel gründlich mit der Misopaste verrühren.

2. Das Koriandergrün waschen und trocken schütteln. Blättchen und zarte Stiele fein hacken und unter die Butter rühren. Miso-Koriander-Butter mit Salz abschmecken.

Zubereitungszeit: 5 Min.
Zutaten für 2 Portionen:

2 EL weiche Butter
1 EL helle Misopaste
1–2 Stängel Koriandergrün
Salz

Würzbutter auf Brot streichen – fixer Appetizer!

HÄHNCHEN MIT ANANAS UND MINZE

Grillen und chillen

Zubereitungszeit: 10 Min. | Marinierzeit: mind. 1 Std. | Grillzeit: 15 Min.

Zutaten für 2 Spieße:

¼ frische Ananas
 (oder 8 Stückchen aus der Dose)
1 Hähnchenbrustfilet
 (ca. 150 g)
5 EL Öl
1 EL Currypulver
½ TL gemahlener Koriander
 (nur, wenn ihr den mögt)
Salz
Pfeffer
2–3 Stängel Minze

Außerdem:
2 Grillspieße

1. Von dem Ananasviertel die Schale abschneiden und den Strunk entfernen. Das Fruchtfleisch in acht Stückchen schneiden. Oder die Stückchen aus der Dose fischen und kurz in einem Sieb abtropfen lassen.

2. Das Hähnchenbrustfilet längs halbieren und jede Hälfte in vier möglichst gleich große Stückchen schneiden. Die Hähnchenwürfel sollten ungefähr so groß wie die Ananasstückchen sein.

3. Für die Marinade das Öl mit Currypulver und Koriander sowie jeweils 1 kräftigen Prise Salz und Pfeffer in einer Schüssel gut verrühren. Das Hähnchenfleisch untermengen und mind. 1 Std. marinieren.

4. Dann die Minze waschen und trocken schütteln. Blättchen abzupfen und in feine Streifen schneiden.

5. Die marinierten Hähnchenstücke abwechselnd mit den Ananasstücken auf Spieße stecken.

ANNES TIPP *Schneidet die Hähnchenstücke klein, sonst dauert es zu lange, bis sie durchgegart sind. Und inzwischen verbrennt euch die Ananas.*

6. Die Spieße auf dem heißen Grill zunächst kurz bei großer Hitze von allen Seiten grillen, damit Hähnchen und Ananas Farbe und Aroma tanken können, anschließend am Rand bei kleiner Hitze 10–15 Min. weitergrillen, bis die Hähnchenstücke durchgegart sind. Dabei die Spieße immer mal wieder mithilfe einer Grillzange drehen. Die fertigen Spieße mit Minze bestreuen.

SWEET-CHILI-HÄHNCHEN MIT MANGO

Zubereitungszeit: 10 Min. | Marinierzeit: mind. 1 Std. | Grillzeit: 15 Min.

Zutaten für 2 Spieße:

1 kleine feste Mango (oder ½ große Mango oder 8 Mango-Stückchen aus der Dose)
1 Hähnchenbrustfilet (ca. 150 g)
5 EL Sweet-Chili-Sauce

Außerdem:
2 Grillspieße

1. Die Mango schälen und das Fruchtfleisch vom Stein schneiden, dann in acht gleich große Stücke schneiden. Oder die Mangostückchen aus der Dose fischen und kurz in einem Sieb abtropfen lassen.

2. Das Hähnchenfilet längs halbieren und jede Hälfte in vier möglichst gleich große Stückchen schneiden.

3. Die Mango- und Hähnchenstücke in eine Schüssel geben, mit der Sweet-Chili-Sauce gründlich vermischen und mind. 1 Std. marinieren.

4. Dann die marinierten Hähnchenstücke abwechselnd mit den Mangostücken auf Spieße stecken.

5. Die Spieße auf dem heißen Grill zunächst kurz bei großer Hitze von allen Seiten grillen, damit Hähnchen und Mango Farbe und Aroma tanken können, anschließend am Rand bei kleiner Hitze 10–15 Min. weitergaren, bis die Hähnchenstücke durchgegart sind. Dabei die Spieße immer mal wieder mithilfe einer Grillzange drehen.

PORTOBELLO-PILZE BIFTEKI STYLE

Zubereitungszeit: 25 Min. | Grillzeit: 15 Min.

Zutaten für 2 gefüllte Pilze:

75 g Rinderhackfleisch
75 g Schafskäse (Feta)
1 Knoblauchzehe
Salz
Pfeffer
1 kräftige Prise getrockneter Oregano
½ TL Tomatenmark (kein absolutes Muss)
2 Portobello-Pilze (Riesenchampignons; alternativ 4 große Champignons)

Außerdem:
Alufolie

1. Hackfleisch in eine Schüssel geben. Feta dazubröseln. Knoblauch schälen und direkt in die Schüssel pressen oder ganz fein schneiden und hinzufügen.

2. Salz, Pfeffer und Oregano dazugeben und – wenn ihr wollt – auch das Tomatenmark. Dann alles gut miteinander vermengen. Ich mach das immer mit der Hand.

3. Die Pilze putzen und, falls nötig, feucht abreiben. Stiele herausdrehen und die Pilzhüte noch ein wenig mit einem Löffel aushöhlen. Das Ausgekratzte könnt ihr fein hacken und mit unter die Feta-Hack-Masse mischen.

4. Die Portobello-Pilze mit der Feta-Hack-Mischung füllen und anschließend in Alufolie packen.

5. Die Pilz-Päckchen auf den Grill legen und am Rand bei kleiner bis maximal mittlerer Hitze ca. 15 Min. grillen. Dann müsste das Hackfleisch gebraten und der Feta angeschmolzen sein. Nun die Päckchen öffnen und die Pilze mit Füllung und entstandenem Sud genießen.

Gut zu wissen

Wer einen Grill mit Deckel hat, kann sich das Einpacken der Pilze sparen. Pilzhüte dann einfach vorm Grillen mit Olivenöl bepinseln, mit der geschlossenen Seite auf den Grill setzen und zugedeckt grillen.

GEGRILLTE DORADE ALLA PUTTANESCA

Zubereitungszeit: 25 Min. | Grillzeit: 10 Min.

Zutaten für 2 Portionen:

1 ganze Dorade (ca. 400 g; küchenfertig)
2 EL schwarze Oliven (am besten ohne Stein)
1 EL Kapern
1–2 in Öl eingelegte, getrocknete Tomaten
5 Sardellenfilets (aus dem Glas oder der Dose)
1 Zwiebel
3 Kirschtomaten
2 Stängel Petersilie
Salz
Pfeffer
1 milde rote Chilischote
1 EL Olivenöl
grobes Meersalz
2 Spritzer Zitronensaft

Außerdem:
1 Grillspieß

1. Dorade innen und außen gründlich waschen. Hat der Händler euren Fisch schon geschuppt? Falls nicht, müsst ihr selbst ran und die Schuppen mit der Rückseite eines Messers vom Schwanz zum Kopf »abkratzen«.

2. Oliven, Kapern, eingelegte Tomaten und Sardellen abtropfen lassen und sehr klein hacken. Zwiebel schälen und superfein würfeln. Tomaten waschen und winzig klein würfeln. Petersilie waschen und trocken schütteln. Blättchen abzupfen und hacken. Alles gut vermengen und mit Salz und Pfeffer abschmecken.

3. Vor dem Grillen die Mischung in den Bauchraum des Fischs drücken. Die Chili waschen und zum leichten Aromatisieren als ganze Schote mit in den Bauchraum stecken. Oder für mehr Schärfe Chili halbieren und putzen, grob zerkleinern und dazugeben. Mit einem Spieß den Bauchraum im »Zickzack« verschließen, damit beim Grillen die Füllung nicht rausfällt.

4. Die Dorade rundum mit dem Öl bepinseln, auf den Grill legen und bei großer Hitze ca. 5 Min. auf einer Seite grillen. Dann vorsichtig mit einer Grillzange umdrehen und auf der anderen Seite ebenfalls ca. 5 Min. grillen. Fertige Dorade mit Meersalz bestreuen und mit etwas Zitronensaft besprenkeln.

BBQ-LACHS MIT RADICCHIO UND BACON

Zubereitungszeit: 20 Min | Marinierzeit: mind. 1 Std. | Grillzeit: 12 Min.

Zutaten für 2 Spieße:

150 g Lachsfilet
3 EL Barbecue-Sauce (aus dem Glas oder selbst gemacht; s. Annes Tipp)
8 schöne äußere Blätter von 1 Radicchio
6 Scheiben Bacon (Frühstücksspeck)

Außerdem:
2 Grillspieße

1. Das Lachsfilet in acht gleich große Würfel schneiden, in einer Schüssel mit der Barbecue-Sauce vermischen und mind. 1 Std. marinieren.

2. Dann die Radicchio-Blätter waschen und trocken tupfen. Auf jeden Spieß vier marinierte Lachswürfel abwechselnd mit je vier Radicchio-Blättern und drei Baconscheiben stecken. Faltet dabei die Salatblätter und die Speckscheiben jeweils wie eine Ziehharmonika zusammen und steckt sie so auf die Spieße.

3. Die Spieße auf dem heißen Grill bei großer Hitze von jeder Seite 2–3 Min. grillen, dabei die Spieße immer wieder mithilfe einer Grillzange drehen.

ANNES TIPP

Für DIY-BBQ-Sauce 2 EL Ketchup mit 1 EL Tomatenmark, 1 TL Aceto balsamico, ½ TL Ahornsirup, ½ TL braunem Zucker, 2 TL geräuchertem Paprikapulver, 1 Msp. Cayennepfeffer, 1 TL Rauchsalz und 1 TL Sojasauce verrühren.

Gut zu wissen

Den Rest des Radicchios putzen, waschen und trocken schütteln. Blätter kleiner zupfen und mit einem Balsamico-Apfel-Dressing (s. Seite 125) anmachen.

INGWER-GARNELEN MIT GEBRANNTEM LAUCH

Zubereitungszeit: 20 Min. | Marinierzeit: mind. 1 Std. | Grillzeit: 6 Min.

Zutaten für 2 Spieße:

- 2 kleine Bio-Limetten
- 1 EL Öl
- 1 kleines Stück Ingwer (ca. 50 g)
- 1 Prise Chiliflocken (oder 1 EL Sriracha-Sauce, wenn ihr habt)
- Salz
- 1 Prise Zucker
- 6 geschälte, rohe Riesengarnelen (küchenfertig)
- ½ Stange Lauch (hier wird nur der weiße Teil gebraucht, werft den grünen in eine Pastasauce oder über das Pfannkuchen-Gratin, s. Seite 100)
- 4 Stängel Koriander

Außerdem:
- 2 Grillspieße

1. Limetten heiß abwaschen. Die Schale von 1 Limette abreiben. Beide Limetten auspressen. Saft und Schale in einer großen Schüssel mit dem Öl mischen. Den Ingwer schälen und dazureiben. Marinade mit Chiliflocken und 1 kräftigen Prise Salz und Zucker würzen.

2. Nun checkt noch mal die Garnelen: Sieht man am Rücken noch einen schwarzen Strich? Das ist der Darm und den solltet ihr erst mal mit einem spitzen Messer entfernen. Garnelen dann waschen und trocken tupfen. Sehr große Exemplare einmal quer halbieren. Das weiße Lauchstück putzen und waschen, dann in sechs daumenbreite Stücke schneiden.

3. Garnelen und Lauchstücke unter die Marinade in der Schüssel mischen und mind. 1 Std. marinieren.

4. Dann die Garnelen abwechselnd mit den Lauchstücken auf die Grillspieße stecken, jeweils drei auf jeden Spieß. Koriander waschen und trocken schütteln. Blättchen und zarte Stiele abzupfen und kleiner schneiden.

5. Die Spieße auf dem heißen Grill 1–3 Min. bei großer Hitze grillen, bis sie Farbe bekommen haben, dann mithilfe einer Grillzange wenden und weitere 1–3 Min. grillen. Fertige Spieße mit Koriander bestreuen.

Gerührt, nicht geschüttelt

SUPERGEILE SALATSAUCEN

ORANGEN-SENF-EMULSION

Zubereitungszeit: 5 Min.
Zutaten für ½ Kopfsalat
oder 1 Romana-Salat-Herz:

2 TL Orangenmarmelade
1 TL mittelscharfer Senf
1 TL Essig
2 EL Olivenöl
Salz
Pfeffer

1. Ganz einfach gemacht: Die Orangenmarmelade und den Senf mit dem Essig verrühren, dann das Olivenöl unterschlagen.

2. Die Emulsion mit Salz und Pfeffer würzen und abschmecken.

 **ANNES TIPP**

Die cremige Emulsion ist meine Nummer 1 für frische grüne Salate! Ich mach damit aber auch gern Couscous-Salat an.

BALSAMICO-APFEL-DRESSING

Zubereitungszeit: 5 Min.
Zutaten für ½ Kopfsalat oder 1 Romana-Salat-Herz:

2 EL Apfelsaft
1 EL Aceto balsamico
Salz
Pfeffer
1 Prise Zucker
1 EL Olivenöl
1 Schalotte

1. Apfelsaft und Balsamicoessig mit Salz, Pfeffer und Zucker gut verrühren, dann das Olivenöl unterschlagen.

2. Die Schalotte schälen und in feine Würfel schneiden. Zum Dressing geben und alles noch mal abschmecken.

ANNES TIPP *Passt super zu Feldsalat, Rucola und auch zu frisch geraspelten Möhren.*

PINKE ZWIEBEL-VINAIGRETTE

1. Die Zwiebel schälen, fein würfeln und in ein Schälchen oder eine Salatschüssel geben.

2. Rotwein in einem kleinen Topf aufkochen. Knoblauch schälen und durch eine Presse dazudrücken. Thymian waschen und trocken schütteln. Die Blättchen abstreifen, kleiner hacken und dazugeben. Essig unterrühren. Rotwein-Mix mit Zucker und Salz würzen, dann das Öl unterschlagen und die Vinaigrette heiß über die Zwiebeln gießen. Zum Schluss nochmals abschmecken.

Zubereitungszeit: 10 Min.
Zutaten für ½ Kopfsalat oder 1 Romana-Salat-Herz:

1 rote Zwiebel
50 ml Rotwein
1 kleine Knoblauchzehe
1 kleiner Zweig Thymian
1 EL heller Essig (z. B. Weißweinessig)
1 Prise Zucker
Salz
2 EL Olivenöl

NUDELSALAT MIT GURKE

Zubereitungszeit: 25 Min.

Zutaten für 2 Portionen:

100 g Mini-Muschel-Nudeln (oder andere kleine Nudeln, z. B. Mezzi-Rigatoni, Riso-Pasta oder Mini-Penne)
1 Mini-Gurke (oder ½ Salatgurke)
Salz
1 EL Zucker
1 Schalotte
3 EL heller Essig (z. B. Weißweinessig)
2 EL Olivenöl
2 EL Crème fraîche
1 Spritzer Zitronensaft
Pfeffer
2–3 Stängel Dill

1. Das Nudelwasser aufkochen und gut salzen. Die Nudeln darin nach Packungsanweisung bissfest oder nach persönlicher Vorliebe kochen.

2. In der Zwischenzeit die Gurke schälen und in feine Scheiben schneiden oder hobeln. Scheiben in eine Schüssel geben und 1 EL Salz und den Zucker daraufstreuen. Nun rührt ihr alles gut um und lasst die Gurken ca. 10 Min. in Ruhe Wasser ziehen.

3. Die Schalotte schälen und in feine Würfel schneiden, anschließend in einer Schüssel mit Essig, Öl, Crème fraîche, Zitronensaft und 1 Prise Pfeffer vermengen.

4. Fertige Nudeln in ein Sieb abgießen und kalt abschrecken. Die Gurkenscheiben ebenfalls abgießen, abtropfen lassen und mit den Nudeln vermengen. Beides dann mit dem Crème fraîche-Dressing verrühren.

5. Dill waschen und trocken schütteln. Die Spitzen abzupfen, fein hacken und unter den Salat rühren. Alles nochmals mit Salz und Pfeffer abschmecken.

Gut zu wissen
Am besten schmeckt der Salat, wenn er vor dem Grillfest erst mal richtig schön durchziehen kann.

OFENKARTOFFELN ALOO GOBI STYLE

Zubereitungszeit: 15 Min. | Backzeit: 25 Min.

Zutaten für 2 Portionen:

ca. 100 ml Öl
1 EL Garam Masala
½ TL Kreuzkümmel
½ TL Koriander
½ TL Kurkuma
Salz
3 Knoblauchzehen
1 kleiner Blumenkohl (oder 1 große Handvoll TK-Röschen)
4 vorwiegend festkochende Kartoffeln (am besten Bio-Kartoffeln)
1 Zwiebel

1. Das Öl in eine große Schüssel geben. Garam Masala, Kreuzkümmel, Koriander, Kurkuma und 2 TL Salz dazugeben. Knoblauch schälen und dazupressen. Das Öl sehr gründlich mit den Gewürzen verrühren.

2. Das Blumenkohlstück waschen und putzen. Die Röschen vom Strunk schneiden und in die Schüssel geben.

3. Kartoffeln gründlich waschen und bürsten, dann längs halbieren und in gleichmäßige Spalten (Wedges) schneiden. Ebenfalls mit in die Schüssel geben.

4. Den Backofen auf 180° Umluft vorheizen. Die Zwiebel schälen und längs in Viertel schneiden. Die Viertel in Segmente teilen und in die Schüssel geben.

5. Das Gemüse in der Schüssel sehr gut verrühren, sodass alle Stücke vom Würzöl überzogen sind. Dann alles in eine Auflaufform oder in ein tiefes Backblech geben und im heißen Ofen (Mitte) ca. 25 Min. backen. Habt ein Auge drauf! Blumenkohl, Kartoffeln und Zwiebeln sollen eine schöne Farbe bekommen, dürfen aber nicht verbrennen. Das fertige Gemüse aus dem Ofen nehmen und heiß als Beilage servieren.

BRATWURSTSALAT

Grillen und chillen

Zubereitungszeit: 25 Min.

Zutaten für 2 Portionen:

2 Bratwürste (egal, ob roh oder gegrillt)
6 EL Olivenöl
5–6 gekochte Pellkartoffeln mit Schale (dürfen vom Vortag sein)
1 grüne Paprika
1 rote Zwiebel
1 EL milder heller Essig (z. B. Aceto balsamico bianco)
Salz
Pfeffer
1 EL mittelscharfer Senf
½ TL edelsüßes Paprikapulver

1. Rohe oder gegrillte Bratwürste in 1–2 cm dicke Scheiben schneiden. 2 EL Olivenöl in einer Pfanne erhitzen. Die Bratwurststücke darin braten und immer wieder schwenken, bis sie von allen Seiten schön gebräunt sind. (Das geht bei gegrillten Würsten schneller als bei rohen.) Die Bratwurststücke in eine Schüssel geben.

2. Parallel dazu die gekochten Pellkartoffeln zunächst nach Belieben pellen, anschließend in Scheiben schneiden – so dick, wie ihr sie im Salat am liebsten mögt. Die Kartoffelscheiben mit in die Schüssel geben.

3. Die Paprika waschen und halbieren, Kerne und Trennwände entfernen. Paprikahälften in kleine Würfel schneiden. Zwiebel schälen, halbieren und in feine Streifen schneiden. Paprika- und Zwiebelwürfel zu den Bratwurststückchen und den Kartoffeln geben.

4. Die übrigen 4 EL Olivenöl mit Essig, Salz, Pfeffer, Senf und Paprikapulver glatt verrühren. Dressing über die Zutaten in der Schüssel gießen und gut unterrühren.

5. Den Bratwurstsalat nun am besten noch ein bisschen ziehen lassen, dann noch mal kräftig abschmecken.

Gut zu wissen

Dieser Salat lässt sich mit rohen Bratwürsten ebenso gut zubereiten wie mit gegrillten. Deshalb ist er ideal für ein Reste-Update nach dem Grillfest!

PANNENHILFE

KEINE PASSIERTEN TOMATEN MEHR DA?

Verlängert Tomatenmark mit Gemüsebrühe oder notfalls mit Wasser!

SAUCE ZU FLÜSSIG?

1 EL Speisestärke mit 2 EL kaltem Wasser sehr gut verrühren. Die Sauce zum Kochen bringen und dann langsam die Stärkemischung mit einem Schneebesen nach und nach einrühren. Sauce ca. 5 Min. kochen lassen, es dauert eine Weile, bis sie dann dickflüssiger wird.

SAUCE VERSALZEN?

Eine kleine Kartoffel fein reiben, in die Sauce rühren und mitkochen. Die Kartoffel schluckt das Salz.

KEIN PUDERZUCKER IM VORRAT?

Pulverisiert »normalen« Zucker im Mixer oder Blitzhacker!

PUDERZUCKER HART WIE STEIN?

Rollt mit einem Nudelholz oder einer Weinflasche über die Tüte!

TOPF ANGEBRANNT?

Mit Geduld kriegt ihr den Topf wieder sauber: Etwas Natron auf den Boden streuen, mit kochend heißem Wasser begießen und abwarten. Dann den Topf spülen.

ZWIEBELN BRENNEN IN DEN AUGEN?

Damit es gar nicht erst passiert: Zwiebeln grundsätzlich nur mit einem sehr scharfen Messer schneiden und vorher die Klinge in eiskaltes Wasser tauchen.

SAHNE IST AUS?

Im Auflauf kann eine leichte Béchamel sie sehr gut ersetzen.

Oberste Regel, wenn mal was schiefgeht: Bleibt locker!

REGISTER

A

Ananas
  Garnelensalat mit Ananas 36
  Hähnchen mit Ananas und Minze 112
Apfel: Krabbensalat mit Apfel und Dill 37
Apfelmus: Bremer Knipp-Auflauf 102
»Armer Ritter«-Quiche 44
Artischocken-Tomaten-Spieße 106
Aubergine
  Gebratene Gnocchi mit cremiger Ratatouille 67
  Reisnudeln mit Aubergine und Hack 70
Aufstriche 34, 35
Avocado: Eiersalat mit Avocado und Chili 39

B

Baked Beans-Aufstrich 35
Balsamico-Apfel-Dressing 125
Bandnudeln mit Lachs-Weißwein-Sauce 53
Bauernfrühstück-Muffins 40
BBQ-Lachs mit Radicchio und Bacon 120
Béchamel 89
Birne: Quiche Norddeutschland 43
Blätterteig
  »Armer Ritter«-Quiche 44
  Quiche Norddeutschland 43
Blumenkohl
  Blumenkohl aus dem Ofen mit Hollandaise 95
  Ofenkartoffeln Aloo Gobi Style 129
Bohnen, grüne: Quiche Norddeutschland 43
Bratwurstsalat 130
Bremer Knipp-Auflauf 102
Brik-Teigblätter: Knusprige Teigtaschen mit Hack 28
Brokkoli
  Brokkolistiel-Walnuss-Resto 63
  Nudelauflauf mit Gemüse und Bergkäse 76
  Reis aus dem Ofen mit grünem Gemüse 86
Bruschetta alla Puttanesca 33
Butter-Variationen 110, 111
Butter mit Senf 111
Buttersauce 91

C

Camembert: Räucherlachs-Obazda 25
Caprese-Pralinen 31
Cashewkerne: Kürbis-Salbei-Resto 62
Cocktailsauce (Annes Tipp) 36

D

Deichkäse
  Norddeutscher Shepherd's Pie 74
  Quiche Norddeutschland 43
Dorade: Gegrillte Dorade alla Puttanesca 119
Dunkle Gemüsesauce 91

E

Eier
  »Armer Ritter«-Quiche 44
  Bauernfrühstück-Muffins 40
  Eiersalat mit Avocado und Chili 39
  Eiersalat mit Mandarinen und Curry 38
  Norddeutscher Shepherd's Pie 74
  Pfannkuchen-Gratin mit Feta und Spinat 101
  Quiche Norddeutschland 43
  Sauce Hollandaise 89
  Schnelle Knoblauchmayo 35
  Schupfnudeln mit Guanciale und Trauben 68
  Tatar-Klößchen und Nudeln in Tomatensauce 96
Einfache Laugenbrötchen 22
Erbsen
  Hähnchen-Kartoffel-Gratin mit Koriander 81
  Pasta mit cremiger Paprikasauce und Erbsen 50
  Reis aus dem Ofen mit grünem Gemüse 86

F

Fenchel
  Fenchel-Orangen-Spieße 107
  Pasta mit Hack-Fenchel-Sauce 61
Frühlingszwiebeln
  Eiersalat mit Avocado und Chili 39
  Garnelensalat mit Ananas 36
  Ofenpolenta mit Spargel 92

G

Garnelen
  Garnelenpasta Anne und Mell 54
  Garnelensalat mit Ananas 36
  Ingwer-Garnelen mit gebranntem Lauch 123
  Gebratene Gnocchi mit cremiger Ratatouille 67
  Gefüllte Spitzpaprika mit Linsen und Tomaten 79
  Gegrillte Dorade alla Puttanesca 119

Register

Gnocchi: Gebratene Gnocchi mit cremiger Ratatouille 67
Grapefruit: Artischocken-Tomaten-Spieße 106
Grünkohl
  Grünkohl klassisch (Tipp) 99
  Grünkohlauflauf mit Béchamel 98
Gratin-Käse
  Bauernfrühstück-Muffins 40
  Gefüllte Spitzpaprika mit Linsen und Tomaten 79
  Hähnchen-Kartoffel-Gratin mit Koriander 81
  Pfannkuchen-Gratin mit Feta und Spinat 101
  Reis aus dem Ofen mit grünem Gemüse 86
  Tatar-Klößchen und Nudeln in Tomatensauce 96
Gurke: Nudelsalat mit Gurke 126

H

Hackfleisch
  Knusprige Teigtaschen mit Hack 28
  Norddeutscher Shepherd's Pie 74
  Pasta mit Hack-Fenchel-Sauce 61
  Portobello-Pilze Bifteki Style 116
  Reisnudeln mit Aubergine und Hack 70
  Tatar-Klößchen und Nudeln in Tomatensauce 96
Hähnchen
  Hähnchen mit Ananas und Minze 112
  Hähnchen-Kartoffel-Gratin mit Koriander 81
  Sweet-Chili-Hähnchen mit Mango 115
Halloumi
  Honey Mustard Bacon Sticks 108
  Teriyaki Sesam Sticks 109

I

Ingwer-Garnelen mit gebranntem Lauch 123

K

Kapern
  Bruschetta alla Puttanesca 33
  Gegrillte Dorade alla Puttanesca 119
  Kapern-Petersilie-Resto 63
  Spaghetti mit Puttanesca-Pesto 58
  Tatar-Klößchen und Nudeln in Tomatensauce 96
Kartoffeln
  Bauernfrühstück-Muffins 40
  Blumenkohl aus dem Ofen mit Hollandaise 95
  Bratwurstsalat 130
  Bremer Knipp-Auflauf 102
  Grünkohlauflauf mit Béchamel 98
  Hähnchen-Kartoffel-Gratin mit Koriander 81
  Norddeutscher Shepherd's Pie 74
  Ofenkartoffeln Aloo Gobi Style 129
Kasseler Fleisch: Grünkohlauflauf mit Béchamel 98
Kichererbsenaufstrich 34
Knipp: Bremer Knipp-Auflauf 102
Knoblauchbutter mit Parmesan 110
Knollensellerie: Dunkle Gemüsesauce 91
Knusprige Teigtaschen mit Hack 28
Krabbensalat mit Apfel und Dill 37
Kürbiskerne: Einfache Laugenbrötchen 22
Kürbis-Salbei-Resto 62

L

Lachs
  Bandnudeln mit Lachs-Weißwein-Sauce 53
  BBQ-Lachs mit Radicchio und Bacon 120
  Räucherlachs-Obazda 25
Lauch
  Ingwer-Garnelen mit gebranntem Lauch 123
  Pfannkuchen-Gratin mit Feta und Spinat 101
Linsen: Gefüllte Spitzpaprika mit Linsen und Tomaten 79

M

Mais: Reis aus dem Ofen mit grünem Gemüse 86
Mandarinen: Eiersalat mit Mandarinen und Curry 38
Mango: Sweet-Chili-Hähnchen mit Mango 115
Miso-Koriander-Butter 111
Möhren
  Dunkle Gemüsesauce 91
  Knusprige Teigtaschen mit Hack 28
  Pasta mit Hack-Fenchel-Sauce 61
  Rahmsauce 90
Mozzarella
  Caprese-Pralinen 31
  Nudelauflauf Caprese 82

Mit 5 Qualitätskriterien

1. **Züchter, die auf beste Fleischrassen setzen**
   Beste Genetik statt blinder Profit. Die Grundlage für GUTES FLEISCH.

2. **Natürliches Futter & artgerechte Tierhaltung**,
   denn nur unter optimalen Bedingungen kann am Ende ein Genusserlebnis entstehen.

3. **Optimales Schlachtalter** - Nicht zu früh und nicht zu spät.

4. **Perfekte Reifung**
   Veredelt durch verschiedene Reifeverfahren holen wir das Optimum aus jedem Produkt.

5. **100 %ige Rückverfolgbarkeit** - Wir wissen, wo's herkommt.

Mit gutem Gewissen genießen. Garantiert.

Jetzt probieren und GUTES FLEISCH für Zuhause bestellen:

otto-gourmet.de

N

Norddeutscher Shepherd's Pie 74
Nudeln
  Bandnudeln mit Lachs-Weißwein-Sauce 53
  Garnelenpasta Anne und Mell 54
  Nudelauflauf Caprese 82
  Nudelauflauf Greek Style 85
  Nudelauflauf mit Gemüse und Bergkäse 76
  Nudeln mit Thunfisch und grüner Paprika 56
  Nudelsalat mit Gurke 126
  »Öhrchen« mit Salsicce und Zucchinicreme 64
  Pasta mit cremiger Paprikasauce und Erbsen 50
  Pasta mit Hack-Fenchel-Sauce 61
  Reisnudeln mit Aubergine und Hack 70
  Spaghetti mit Puttanesca-Pesto 58
  Tatar-Klößchen und Nudeln in Tomatensauce 96

O

Ofenkartoffeln Aloo Gobi Style 129
Ofenpolenta mit Spargel 92
»Öhrchen« mit Salsicce und Zucchinicreme 64
Oliven
  Bruschetta alla Puttanesca 33
  Gegrillte Dorade alla Puttanesca 119
  Nudelauflauf Greek Style 85
  Spaghetti mit Puttanesca-Pesto 58
Orangen-Senf-Emulsion 124

P

Paprika und Spitzpaprika
  Bratwurstsalat 130
  Gebratene Gnocchi mit cremiger Ratatouille 67
  Gefüllte Spitzpaprika mit Linsen und Tomaten 79
  Nudelauflauf Greek Style 85
  Nudelauflauf mit Gemüse und Bergkäse 76
  Nudeln mit Thunfisch und grüner Paprika 56
  Pasta mit cremiger Paprikasauce und Erbsen 50
Parmesan
  Brokkolistiel-Walnuss-Resto 63
  Bruschetta alla Puttanesca 33
  Kapern-Petersilie-Resto 63
  Knoblauchbutter mit Parmesan 110
  Ofenpolenta mit Spargel 92
  »Öhrchen« mit Salsicce und Zucchinicreme 64
  Pasta mit cremiger Paprikasauce und Erbsen 50
  Pasta mit Hack-Fenchel-Sauce 61
  Pasta mit cremiger Paprikasauce und Erbsen 50
  Pasta mit Hack-Fenchel-Sauce 61
Pecorino: Schupfnudeln mit Guanciale und Trauben 68
Pestos 62, 63
Pfannkuchen-Gratin mit Feta und Spinat 101
Pilze
  Portobello-Pilze Bifteki Style 116
  Reis aus dem Ofen mit grünem Gemüse 86

Pinke Zwiebel-Vinaigrette 125
Polenta: Ofenpolenta mit Spargel 92
Portobello-Pilze Bifteki Style 116

Q/R

Quiche Norddeutschland 43
Radicchio: BBQ-Lachs mit Radicchio und Bacon 120
Radieschen: Räucherlachs-Obazda 25
Rahmsauce 90
Räucherlachs-Obazda 25
Räuchertofu: Bauernfrühstück-Muffins (Tipp) 41
Reis aus dem Ofen mit grünem Gemüse 86
Reisnudeln mit Aubergine und Hack 70

S

Salatsaucen 124, 125
Salsicce: »Öhrchen« mit Salsicce und Zucchinicreme 64
Sardellen
  Gegrillte Dorade alla Puttanesca 119
  Spaghetti mit Puttanesca-Pesto 58
Sardinen: Bruschetta alla Puttanesca 33
Sauce Hollandaise 89
Saucen 88–91
Schafskäse (Feta)
  Nudelauflauf Greek Style 85
  Pfannkuchen-Gratin mit Feta und Spinat 101
  Portobello-Pilze Bifteki Style 116
Schnelle Knoblauchmayo 35
Schupfnudeln mit Guanciale und Trauben 68

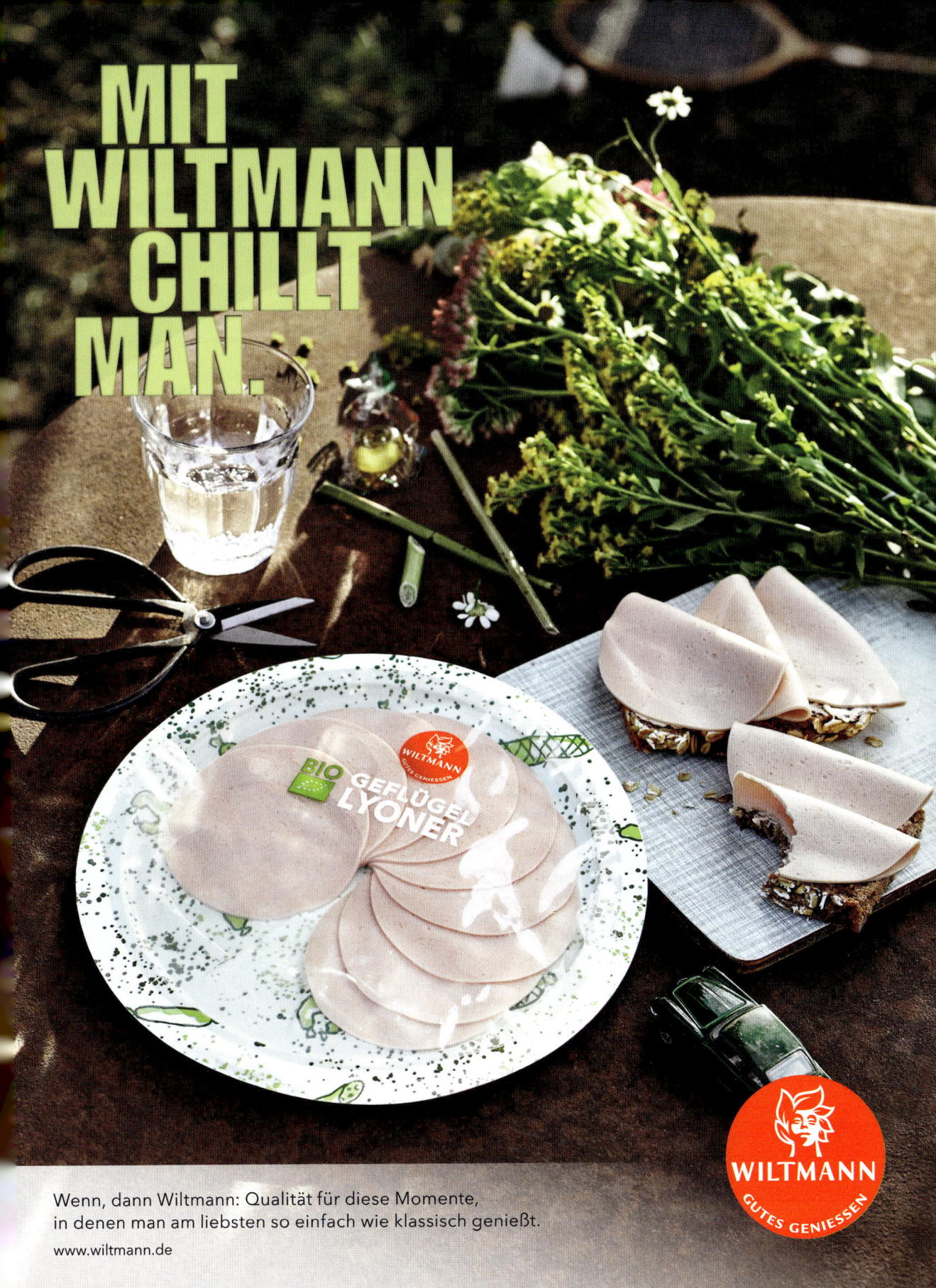

Register

Sesam
  Eiersalat mit Avocado und Chili 39
  Halloumi Teriyaki Sesam Sticks 109
  Spaghetti mit Puttanesca-Pesto 58
Spargel: Ofenpolenta mit Spargel 92
Speck
  Bauernfrühstück-Muffins 40
  BBQ-Lachs mit Radicchio und Bacon 120
  Grünkohlauflauf mit Béchamel 98
  Halloumi Honey Mustard Bacon Sticks 108
  Quiche Norddeutschland 43
  Schupfnudeln mit Guanciale und Trauben 68
Spinat
  Bandnudeln mit Lachs-Weißwein-Sauce 53
  Nudelauflauf mit Gemüse und Bergkäse 76
  Pfannkuchen-Gratin mit Feta und Spinat 101
Staudensellerie
  Kichererbsenaufstrich 34
  Rahmsauce 90
  Sweet-Chili-Hähnchen mit Mango 115

T

Tatar-Klößchen und Nudeln in Tomatensauce 96
Thunfisch: Nudeln mit Thunfisch und grüner Paprika 56
Tomaten
  Artischocken-Tomaten-Spieße 106
  Bruschetta alla Puttanesca 33
  Caprese-Pralinen 31
  Garnelenpasta Anne und Mell 54
  Gefüllte Spitzpaprika mit Linsen und Tomaten 79
  Gegrillte Dorade alla Puttanesca 119
  Kichererbsenaufstrich 34
  Nudelauflauf Caprese 82
  Nudelauflauf Greek Style 85
  Nudeln mit Thunfisch und grüner Paprika 56
  Tatar-Klößchen und Nudeln in Tomatensauce 96
Tomaten, getrocknete
  Garnelenpasta Anne und Mell 54
  Gegrillte Dorade alla Puttanesca 119
  Spaghetti mit Puttanesca-Pesto 58
Tomaten, passierte
  Gefüllte Spitzpaprika mit Linsen und Tomaten 79
  Pasta mit Hack-Fenchel-Sauce 61
  Reisnudeln mit Aubergine und Hack 70
  Tatar-Klößchen und Nudeln in Tomatensauce 96
Trauben
  Schupfnudeln mit Guanciale und Trauben 68
  Ziegenkäse-Crème brulée mit Traubenragout 26

W

Walnusskerne: Brokkolistiel-Walnuss-Resto 63
Weißweinsauce 88
Wurst
  Bratwurstsalat 130
  Bremer Knipp-Auflauf 102
  Grünkohlauflauf mit Béchamel 98
  »Öhrchen« mit Salsicce und Zucchinicreme 64

Z

Ziegenkäse-Crème brulée mit Traubenragout 26
Zucchini
  Gebratene Gnocchi mit cremiger Ratatouille 67
  »Öhrchen« mit Salsicce und Zucchinicreme 64

Bildnachweis

GettyImages: S. 13, 15, 19, 133
Seasons.Agency: S. 8_1: Jana Liebenstein, 8_2: Coco Lang, 16: Julia Hoersch, 49 Meike Jessen
Autorinfoto: Cathrin-Anja Eichinger
Foto Johann Lafer: Frank von Wieding
Alle Rezepte: StockFood Studios/Julia Hoersch (Foodstyling Adam Koor), Hamburg
Illustrationen: ki36 Editorial Design, Anika Neudert, München

Bildagentur Image Professionals GmbH, Tumblingerstr. 32, 80337 München
www.imageprofessionals.com

winterhalter®

www.winterhalter.de/glaeserspuelen

The Home of Glasswashing

Perfekt gespülte Gläser. Sauber und brillant glänzend. Gläserspülen ist die Königsdisziplin des Spülens und hat bei Winterhalter eine lange Tradition: Bereits im Jahr 1969 entwickelten unsere Ingenieure eine erste Gläserspülmaschine. Seither wurde das Spülen von Gläsern immer weiter perfektioniert: bis hin zur heutigen Systemlösung aus Gläserspülmaschine mit variabler Spüldruckanpassung Vario-Power, Wasseraufbereitung, Spülchemie und Korb.

IMPRESSUM

DIE BÜCHERMENSCHEN HINTER ANNES PROJEKT

Verlagsleitung: Eva-Maria Hege
Projektleitung: Lena Buch/Dr. Maria Haumeier
Lektorat: Susanne Bodensteiner
Cover und Layout: ki36 Editorial Design, Sabine Krohberger, München
Satz: Christopher Hammond
Herstellung: Pia Schwarzmann
Fotografie: s. Bildnachweis S. 140
Illustration: ki36 Editorial Design, Sabine Krohberger, München
Reproduktion: medienprinzen GmbH
Druck & Bindung: Firmengruppe APPL, aprinta druck, Wemding

Alle Rechte vorbehalten. Nachdruck, auch auszugsweise, sowie Verbreitung nur mit schriftlicher Genehmigung des Verlages. Die automatisierte Analyse des Werkes, um daraus Informationen insbesondere über Muster, Trends und Korrelationen gemäß § 44b UrhG (»Text und Data Mining«) zu gewinnen, ist untersagt.

© 2025 GRÄFE UND UNZER VERLAG GmbH
Grillparzerstraße 12, 81675 München

www.gu.de/kontakt | hallo@gu.de

GU ist eine eingetragene Marke der
GRÄFE UND UNZER VERLAG GmbH

1. Auflage 2025, ISBN: 978-3-8338-9533-3

ZUR AUTORIN

Anne Brandes, Preisträgerin des Next Chef Award 2023, zeigt in ihrem Debüt-Kochbuch „Einfach kochen" nicht nur ihre Leidenschaft für simple Küche, sondern auch ihre norddeutschen Wurzeln. Ihre Berufung als Köchin fand Anne während ihres Germanistikstudiums vor ein paar Jahren und hat diese mit viel Ehrgeiz und Leidenschaft sehr erfolgreich umgesetzt. Heute arbeitet sie in Cornelia Polettos gleichnamigem Restaurant in Hamburg.

Besuche Anne auf:

BACKOFEN-HINWEIS

Unsere Temperaturangaben, wenn es nicht anders angegeben wird, beziehen sich auf das Backen im Elektroherd mit Ober- und Unterhitze. Die Backzeiten können je nach Herd variieren. Details entnehmen Sie bitte der Bedienungsanleitung Ihres Backofens.

IMPRESSUM

WERDE TEIL DER GU-COMMUNITY!

Du und deine Familie, dein Haustier, dein Garten oder einfach richtig gutes Essen. Egal, wo du im Leben stehst: Als Teil unserer Community entdeckst du die neuesten GU-Bücher als erstes, du genießt exklusive Leseproben und wirst mit wertvollen Impulsen und kreativen Ideen bereichert.

Worauf wartest du? Sei dabei!

www.gu.de/gu-community

LIEBE LESERIN, LIEBER LESER,

wie wunderbar, dass du dich für ein Buch von GU entschieden hast! In unserem Verlag dreht sich alles darum, dir mit gutem Rat dein Leben schöner, erfüllter und einfacher zu machen. Unsere Autorinnen und Autoren sind echte Expertinnen und Experten auf ihren Gebieten, die ihr Wissen mit viel Leidenschaft mit dir teilen. Und unsere erfahrenen Redakteurinnen und Redakteure stecken viel Liebe und Sorgfalt in jedes Buch, um dir ein Leseerlebnis zu bieten, das wirklich besonders ist. Qualität steht bei uns schon seit jeher an erster Stelle – jedes Buch ist von Büchermenschen für Buchbegeisterte gemacht, mit dem Ziel, dein neues Lieblingsbuch zu werden.

Deine Meinung ist uns wichtig, und wir freuen uns sehr über dein Feedback und deine Empfehlungen – sei es im Freundeskreis oder online.

Viel Spaß beim Lesen und Entdecken!

P.S. Hier noch mehr GU-Bücher entdecken: www.gu.de

WARUM UNS DAS BUCH BEGEISTERT

Entspannt und unkompliziert: Das perfekte Kochbuch für alle, die Spaß am Essen und gemeinsamen Kochen haben.

Eva-Maria Hege, Verlagsleitung

FÜR DIE UMWELT

Dieses Buch wurde auf PEFC-zertifiziertem Papier aus nachhaltiger Waldwirtschaft gedruckt. Aus Liebe zur Natur verwenden wir leichtes Papier.

Für dein genussvollstes Ich.

Starköchin und Pasta-Expertin Cornelia Poletto präsentiert ihre original italienischen Pasta-Rezepte für einzigartige Geschmackserlebnisse

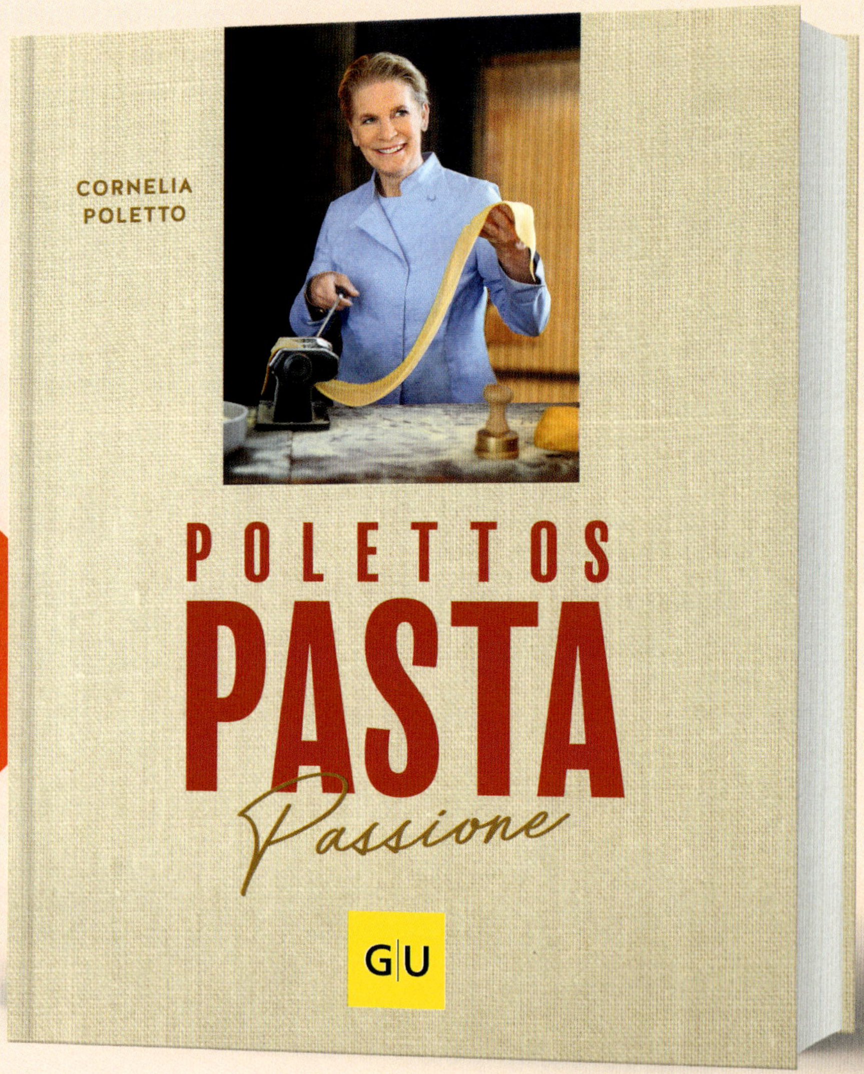

Hier gehts zum Buch:

Einfach scannen und mehr erfahren.